幻想の都　鎌倉

都市としての歴史をたどる

高橋慎一朗

光文社新書

はじめに

鎌倉は、不思議な「古都」である。現在の鎌倉は、東京から電車で一時間ほどで到着することができ、人口十七万人の小都市でありながら、年間二千万人もの観光客が訪れる、首都圏有数の観光地となっている。駅前の小町《こまち》通りは、食べ歩きをする人々や、みやげものを買う人々で賑わっているが、果たしてそこに「古都」らしい光景が見られるかというと、どうもそのような感じでもない。

和食・和菓子・民芸品・人力車などなど、「日本の伝統文化」風の商売が満ち溢れてはいるが、それは日本各地の観光地で見られる一般的な「和テイスト」に過ぎず、鎌倉独自の歴史が反映されたものはほとんどない。ましてや、江戸時代以来の町並みが残されているわけでもない。実は、現在の小町通りの商店街が形を見せるのは、近代の昭和になってからなのである。

町なかのあちこちで見かけられるおしゃれな洋館やレトロな商店は、鎌倉散歩の魅力の一つではあるが、これまた明治以降のもの、多くは昭和になってからの建物である。つまり、現在の鎌倉が、江戸時代以前の鎌倉の姿をどれほど伝えているのかは、はなはだ心もとないのである。

日ごろ、なにげなく目にする「古都」ということばは、単に「昔からある古い都市」ぐらいの意味で使われる場合もあるが、「都（みやこ）」を厳密に首都もしくは政権の本拠地という意味でとらえると、日本で古都と呼べる都市は限られてくる。

たとえば、飛鳥・奈良（平城京）・京都（平安京）・鎌倉・江戸などが、それにあたる。こうした都市が政権の本拠地であったからこそ、日本の歴史の時代区分には、これらの都市名をつけた「飛鳥時代」「奈良時代」「平安時代」「鎌倉時代」「江戸時代」などの名称が使われているのである。その意味で鎌倉は、紛れもなく日本の古都だと言えるのだが……。

そもそも、「都市」とは何であろうか。今まで、どれほど多くの研究者（私も含めて）が、この問いに答えようとしてきたことだろうか。しかし、一つの答えにたどりつくにはいたっておらず、さまざまな定義のしかたが提唱されているのが現状だろう。都市が、多くの人が住んでいる集落であることは確かである。その上で、政治的に重要な場所であるから人が集まってくるのか、または経済的に重要な場所であるから人が集まってくるのか、どちらの側面を重視するかで都市の定義のしかたが大きく分かれるのである。

たとえば、日本の中世(鎌倉時代から戦国時代)では、各地に市や宿や港などの交易の拠点に人が集まるようになっており、こうした中小の交易集落を経済的側面から「都市」と定義すれば、中世は数え切れないほど多くの都市が存在した時代、ということになる。いっぽうで、都市の政治的側面を重視して、「都市」とは公権力の拠点となる巨大集落である、と定義すれば、中世の都市は、京都・鎌倉、そして戦国大名の城下町が代表的なもの、ということになる。

私は、これまでどちらかと言えば、前者の経済的な側面を重視して都市を考えてきたが、最近は、後者の政治的側面を重視することで見えてくるものもあると思うようになった。政治的定義からみれば、さきほどの厳密な意味での「古都」こそが、時代を代表する都市であり、鎌倉が鎌倉時代を代表する政治都市であったことは間違いない。

しかしながら、同じような「古都」である奈良・京都と比較すると、鎌倉には「政権の本拠」の痕跡《こんせき》がきわめて薄い。奈良には、平城京の中心であり天皇の居所である平城宮跡が広大な歴史公園としてそのまま残されており、東大寺《とうだいじ》・薬師寺《やくしじ》・唐招提寺《とうしょうだいじ》・法隆寺《ほうりゅうじ》などには奈良時代以来の建築も現存している。京都には、平安京の中心であった天皇の内裏《だいり》の由緒を受け継ぐ京都御所が現役で存在し、多少の変化はあるものの、平安京の大路《おおじ》・小路《こうじ》を受け継ぐ碁盤の目状の道路網が残されている。

いっぽう、政治都市鎌倉の中心で、「古都」の源泉とも言うべき将軍の御所（幕府）の跡は、明確な範囲も確定しておらず、史跡や公園などのオープンスペースとして保存されているわけではない。現地を訪れても、わずかに道の傍に石碑が建てられているばかりである。現在の鎌倉に、鎌倉時代から伝わっているものと言えば、若宮大路《わかみやおおじ》と鎌倉大仏、和賀江島《わかえのしま》くらいのものである。これらは、残念ながら政権（幕府）の本拠と直接に関わるものではない。つまり、奈良・京都と異なって、鎌倉にはかつての政権の拠点を偲《しの》ぶ史跡がないのである。

世界遺産登録をめざしていた「武家の古都・鎌倉」が平成二十五年（二〇一三）にあえなく落選してしまったのも、要するに、現在残る史跡だけでは「武家の古都」を十分に知ることができないからである。

鎌倉が奈良・京都と比較して違う点は、ほかにもある。それは、鎌倉が海に面しているということである。日本では古代の難波京《なにわきょう》や中世の福原京《ふくはらきょう》などを除けば、ある程度継続的に都が海沿いに設けられることはほとんどなかった。したがって、海のある古都鎌倉の事例は、きわめて珍しいと言える。そして、現在の鎌倉は、海水浴・マリンスポーツのスポットとしての性格を持つことで、開放的で、「古都を名乗るわりには、古臭くない」という雰囲気を醸し出しているのである。

　にもかかわらず、人々は単に「海沿いの、おしゃれで美味しいものが食べられる町」として鎌倉を訪れているわけでもないようである。街頭アンケートに基づく観光客の訪問先ランキングでは、鶴岡八幡宮《つるがおかはちまんぐう》と鎌倉大仏が上位を占めている。鎌倉の歴史を象徴する寺社、これが鎌倉観光の核となっていることがわかる。そして、鎌倉時代の史跡とは無関係ではあるものの、黒板塀《くろいたべい》や緑の生垣が続く落ち着いた住宅街は歴史の重みを感じさせる。古都のような、古都ではないような、なんとも表現することが難しい「まちの佇《たたず》まい」こそが、鎌倉の最大の魅力であろう。「古都」らしくない古都鎌倉、その魅力の秘密は、都市鎌倉の歴史を通して見ることでわかってくるのではなかろうか。本書では、長年の歴史の積み重ねによってかたちづくられてきた、鎌倉の佇まいの形成過程を追って、古代から現代まで、都市鎌倉の歴史を順を追ってたどっていくことにする。

幻想の都　鎌倉／目次

図版作成／株式会社ウエイド

※地図には各図に示した出典の他、国土地理院のデータ、パブリックドメインのデータを使用して作成した。国土地理院のデータは、海岸線は国土数値情報海岸線および基盤地図情報を、等高線・陰影地形図は基盤地図情報を、鉄道・駅は国土数値情報鉄道を、道路は国土数値情報緊急輸送道路および国土地理院地図の標準地図を加工・参照した。

国名	現都道府県名
伊豆	静岡
駿河	
遠江	
三河	愛知
尾張	
美濃	岐阜
飛騨	
信濃	長野
甲斐	山梨
越後	新潟
佐渡	
越中	富山
能登	石川
加賀	
越前	福井
若狭	

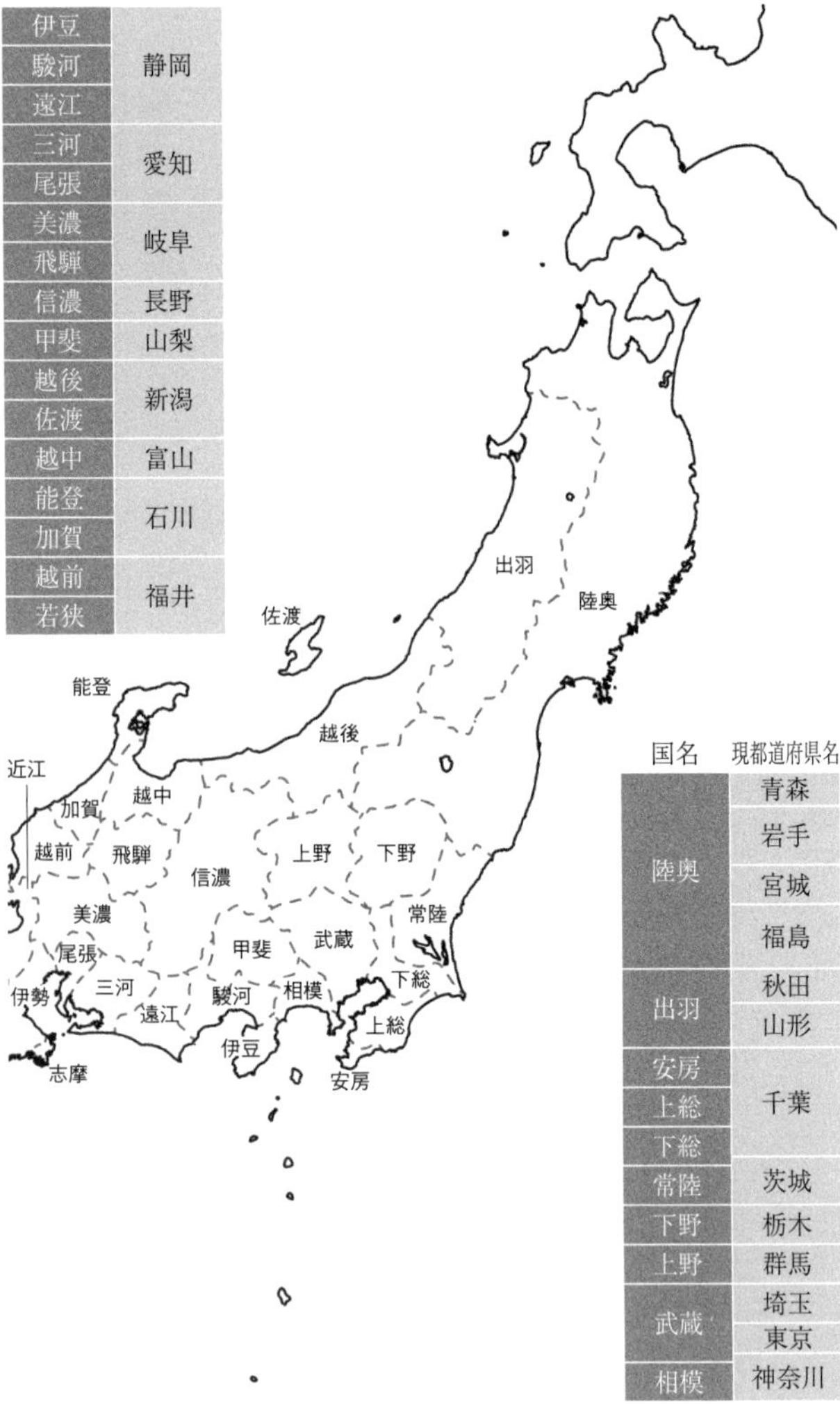

国名	現都道府県名
陸奥	青森
	岩手
	宮城
	福島
出羽	秋田
	山形
安房	千葉
上総	
下総	
常陸	茨城
下野	栃木
上野	群馬
武蔵	埼玉
	東京
相模	神奈川

筑前	福岡
筑後	
豊前	大分
豊後	
日向	宮崎
大隅	鹿児島
薩摩	
肥後	熊本
肥前	佐賀
壱岐	長崎
対馬	

阿波	徳島
土佐	高知
伊予	愛媛
讃岐	香川
備前	岡山
美作	
備中	
備後	広島
安芸	
周防	山口
長門	
石見	島根
出雲	
隠岐	
伯耆	鳥取
因幡	

近江	滋賀
山城	京都
丹後	
丹波	兵庫
但馬	
播磨	
淡路	
摂津	大阪
和泉	
河内	
大和	奈良
伊賀	三重
伊勢	
志摩	
紀伊	和歌山

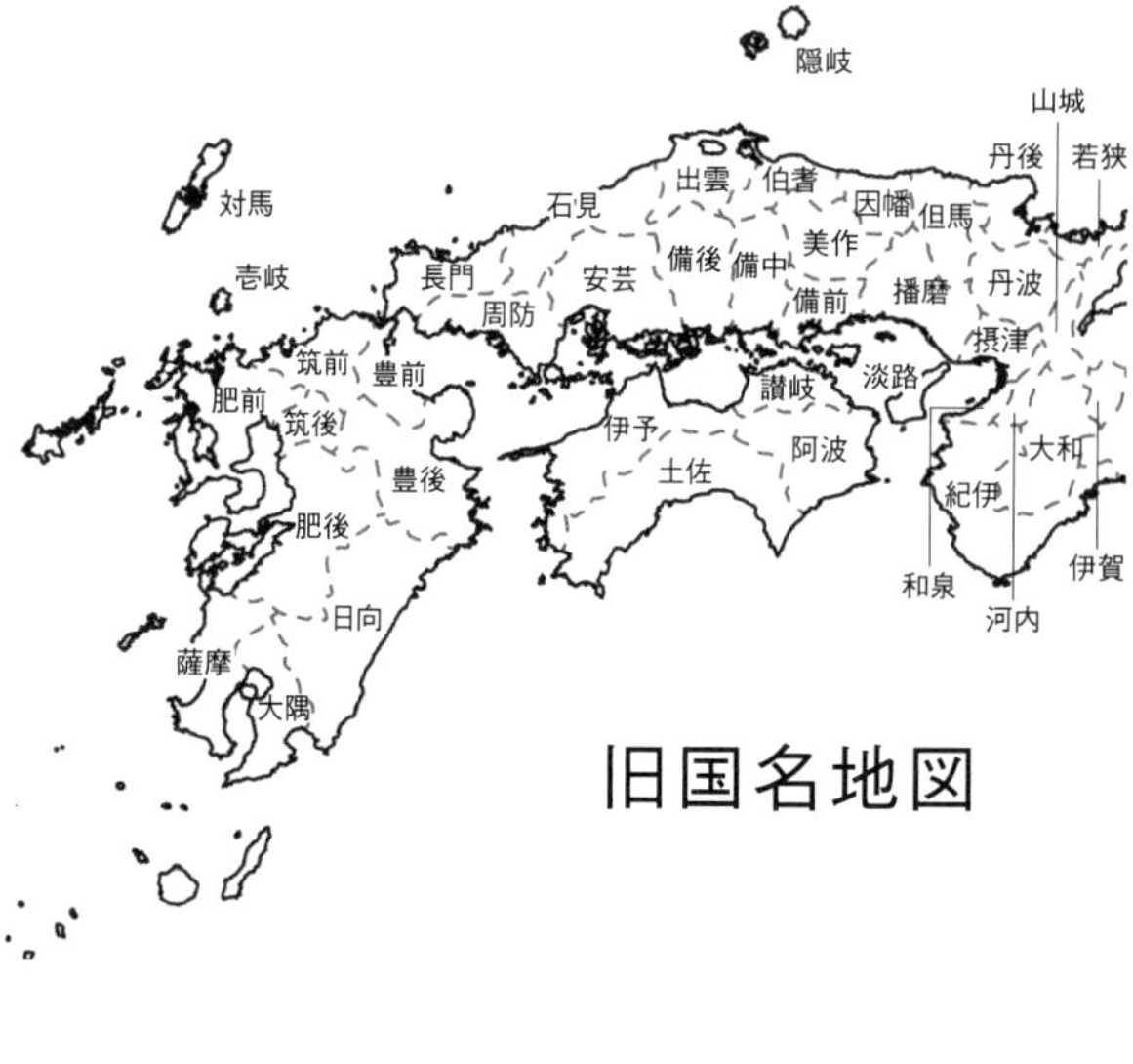

旧国名地図

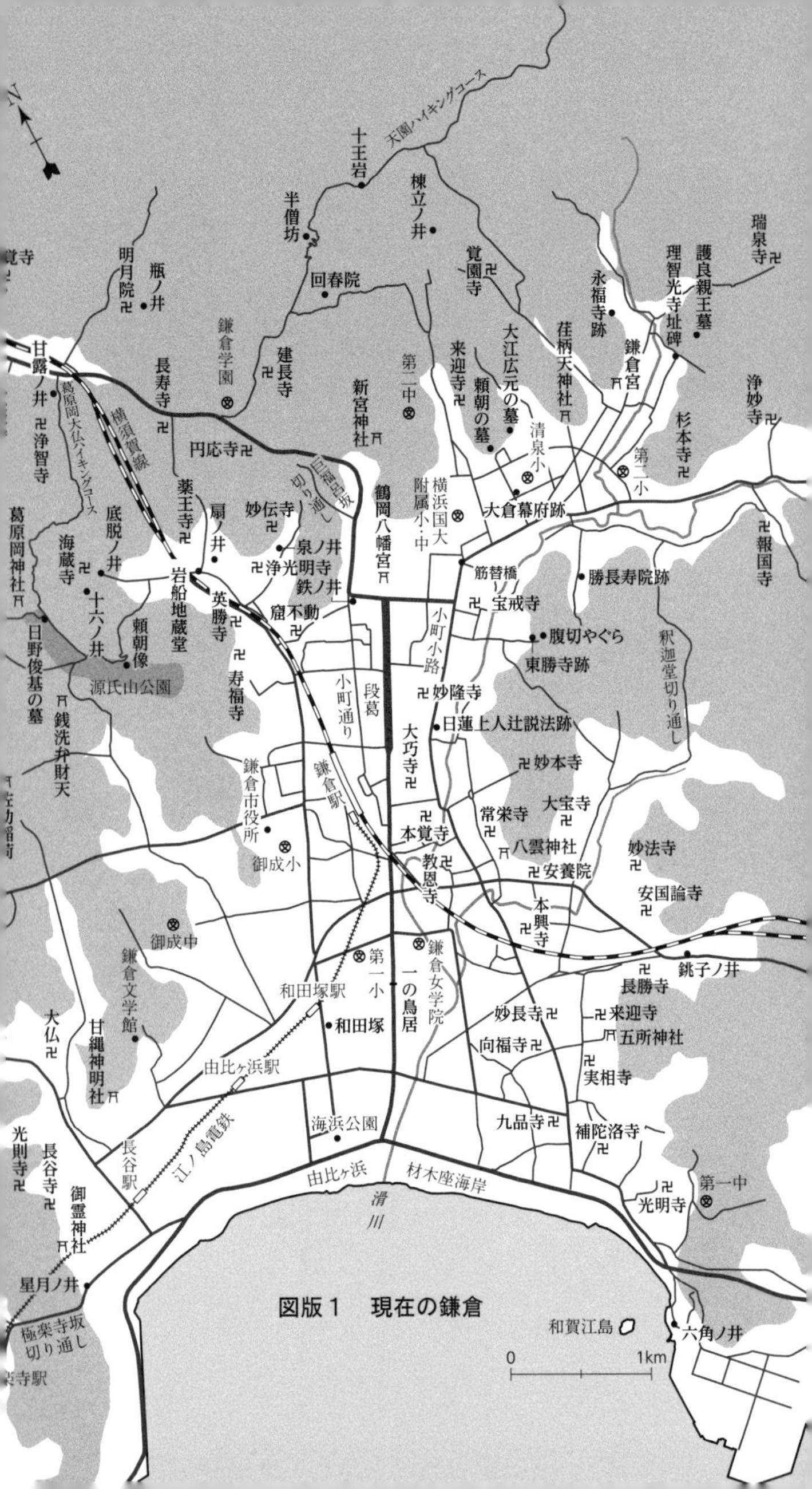
N
天園ハイキングコース
十王岩
半僧坊
棟立ノ井
瑞泉寺
覚園寺
回春院
明月院
瓶ノ井
護良親王墓
理智光寺址碑
永福寺跡
鎌倉学園
建長寺
第二中
来迎寺
大江広元の墓
荏柄天神社
鎌倉宮
浄妙寺
甘露ノ井
葛原岡大仏ハイキングコース
横須賀線
長寿寺
新宮神社
頼朝の墓
清泉小
杉本寺
第二小
浄智寺
円応寺
巨福呂坂切り通し
鶴岡八幡宮
横浜国大附属小・中
大倉幕府跡
葛原岡神社
底脱ノ井
薬王寺
扇ノ井
妙伝寺
一泉ノ井
報国寺
海蔵寺
十六ノ井
岩船地蔵堂
浄光明寺
鉄ノ井
筋替橋
勝長寿院跡
英勝寺
窟不動
宝戒寺
小町小路
腹切やぐら
日野俊基の墓
頼朝像
源氏山公園
寿福寺
東勝寺跡
釈迦堂切り通し
銭洗弁財天
小町通り
段葛
妙隆寺
日蓮上人辻説法跡
大巧寺
妙本寺
鎌倉市役所
鎌倉駅
常栄寺
大宝寺
本覚寺
八雲神社
妙法寺
御成小
教恩寺
安養院
安国論寺
本興寺
御成中
鎌倉女学院
第一小
銚子ノ井
長勝寺
鎌倉文学館
和田塚駅
一の鳥居
大仏
和田塚
妙長寺
来迎寺
向福寺
五所神社
甘縄神明社
由比ヶ浜駅
実相寺
海浜公園
九品寺
補陀洛寺
光則寺
長谷寺
長谷駅
江ノ島電鉄
由比ヶ浜
材木座海岸
第一中
御霊神社
滑川
光明寺
星月ノ井
極楽寺坂切り通し
和賀江島
六角ノ井
0
1km
図版１　現在の鎌倉

第一章

紀元前～鎌倉前期

源氏以前、源氏以後

二万年前から鎌倉には人がいた

言うまでもないことであるが、源頼朝《みなもとのよりとも》は無人の荒野を切り開いて、いきなり幕府を置いたわけではなく、鎌倉時代のはるか前から鎌倉には人が住んでいた。

鎌倉に人があらわれたのは、今から二万年前、旧石器時代のことである。最初にその痕跡が確認されたのは昭和二十七年（一九五二）のことで、大船《おおふな》駅近くの粟船山《あわふねやま》遺跡から黒曜石《こくようせき》の石器が出土した。昭和四十四年（一九六九）には、同じく大船の常楽寺《じょうらくじ》裏手の山から、ナイフ形の頁岩《けつがん》製の旧石器が発見された。

これらは正式な発掘調査ではなかったが、その後平成七年（一九九五）になって、大船駅西側の城廻《しろめぐり》にある玉縄城《たまなわじょう》跡から、正式調査として初めて、旧石器時代の資料が出土した。発見されたのは、黒曜石の石器二点と、黒曜石原石から剥離《はくり》した破片八点である。さらに、平成三十年（二〇一八）度の、玉縄城跡に隣接する関谷《せきや》の東正院《とうしょういん》遺跡の発掘調査でも、旧石器の石刃一点が発見されている。

ただし、わずかな旧石器の発見のみでは、この時代の鎌倉に多くの人々が暮らす集落が存在したかどうかはよくわからない。それでも、鎌倉の北の外縁部で人の活動が見られたことだけは確かである。

縄文時代の集落

約一万三千年前から二千五百年前ごろ（紀元前五世紀の終わり）までは、縄文土器の使用を特色とする縄文時代に区分される。縄文時代はさらに、草創期・早期・前期・中期・後期・晩期の六期に分けられるが、鎌倉周辺では草創期と晩期の遺跡は発見されていないので、人々の活動は断続的だったと思われる。

縄文早期から後の時期については、鎌倉の二十ヶ所ほどの場所で遺跡が発見されており、比較的大規模な遺跡は、手広《てびろ》・山崎《やまさき》・小袋谷・植木《うえき》・関谷・寺分《てらぶん》・玉縄などに存在していた（図版2）。なかでも、関谷の東正院遺跡・手広の八反目《はための》遺跡・玉縄の平戸山《ひらとやま》遺跡・寺分の富士塚遺跡などでは、竪穴《たてあな》住居による集落の存在が確かめられている。平成三十年（二〇一八）度の東正院遺跡の調査では、縄文前期の土坑《どこう》（地面を掘った大きな穴）から、北海道日高地方産の岩を加工した石斧が出土している。ただ残念なことに、大部分の縄文遺跡は、本格的な調査がおこなわれないまま、昭和四十年代の宅地開発等によって消滅してしまったということである。

ところで、これまで述べてきたところでは、若宮大路や鎌倉駅などを含む現在の市街中心

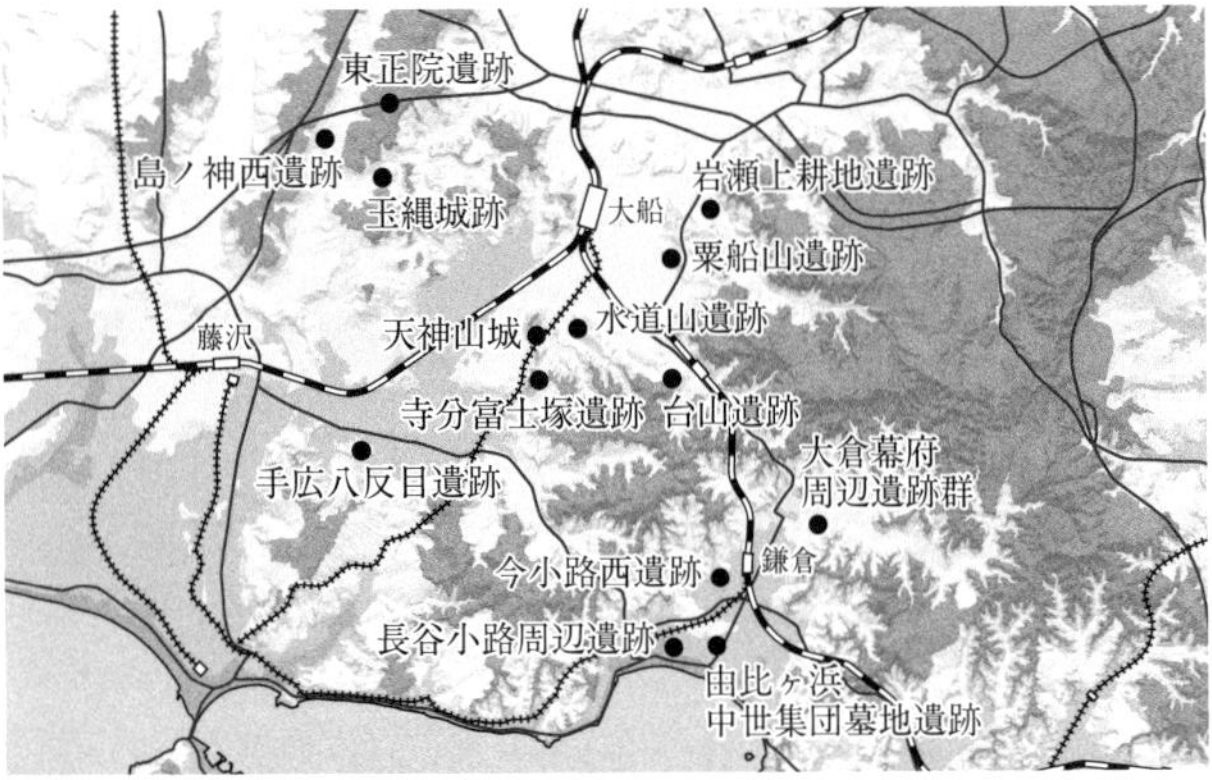

図版２　古代鎌倉の遺跡　鎌倉歴史文化交流館図録『頼朝以前』をもとに作成

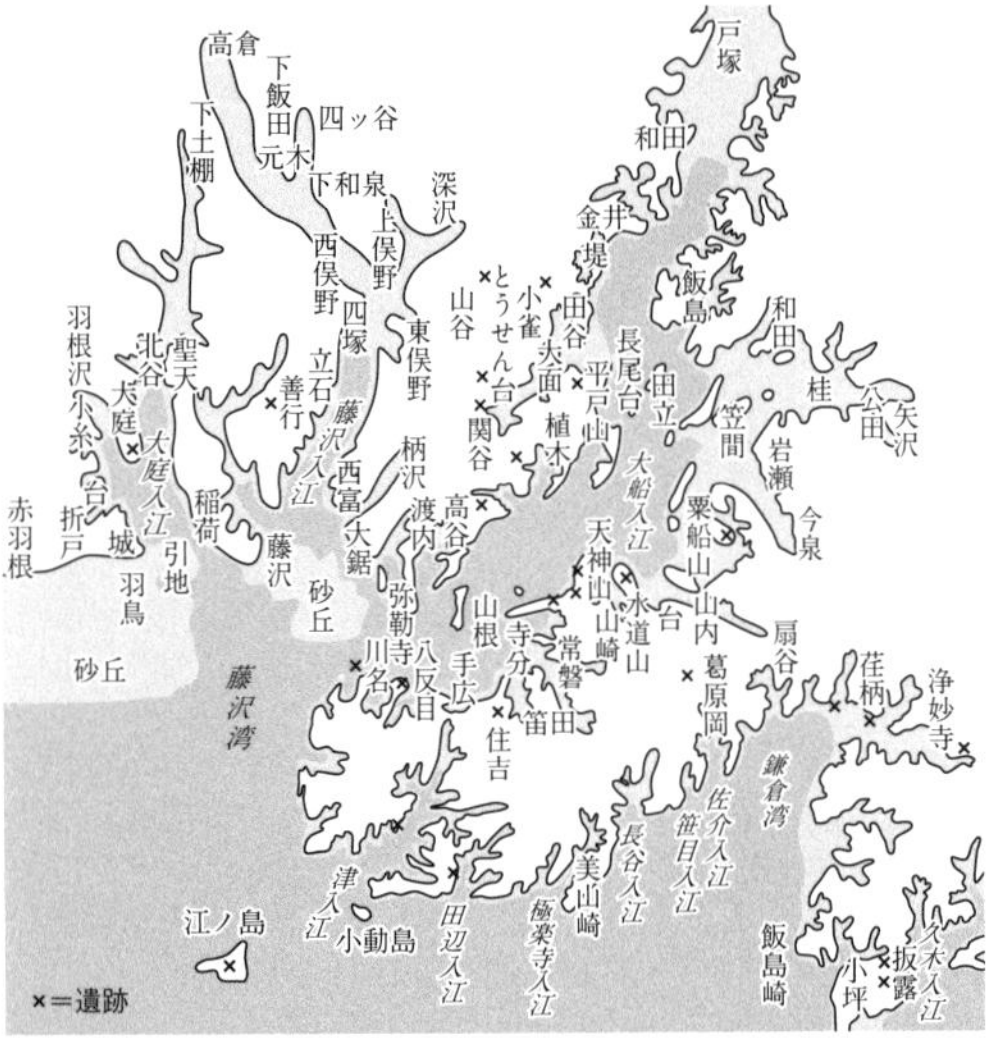

図版３　縄文時代の鎌倉地形図　『鎌倉市史・考古編』をもとに作成

部（現在の平地部）の地名が登場せず、北西方面の郊外、大船周辺の地名ばかりが目立っている。それもそのはずで、縄文時代前期には海が現在の鶴岡八幡宮や荏柄天神社《えがらてんじんしゃ》あたりまで深く入り込んでおり、中・後期になって海岸線は後退するものの、中心部はまだ低湿地だったため、人が住めるような状況ではなかったのである（**図版3**）。

いっぽう、北の方でも縄文前期には「大船入江」と呼ばれる入江が入り込んでおり、人々は入江西岸の植木・関谷・玉縄、東岸の山崎・手広・寺分などの台地の上に住んでいたと考えられる。

また、手広の八反目遺跡や玉縄の山居《さんきょ》遺跡では、縄文中期の貝塚も見つかっており、近くの入江で貝を採って食べるという生活が想像される。

弥生時代の集落

縄文時代晩期になると、いったん鎌倉での人の活動の痕跡がとだえる。続いて時代は、紀元前四世紀から、水田での稲作（水稲耕作）と金属器や弥生土器の使用を特徴とする弥生時代に入る。弥生時代は、前期・中期・後期に分かれるが、鎌倉では前期にはまだ遺跡は見当たらず、中期（紀元前二世紀～）になってから遺跡が確かめられるようになる。やはり、縄文晩期からしばらくの間は、鎌倉周辺の集落は断絶していたようだ。

弥生中期になると海岸線はかなり後退して、現在より若干入り込む程度となる。市街中心部は平野や低湿地となり、由比ヶ浜《ゆいがはま》周辺には砂丘が形成される。北の大船入江もすっかり陸地となり、柏尾《かしお》川沿いに低湿地が広がるようになる。つまり、弥生中期には、人々が定住できる場所が格段に増えてきたのである。

弥生中期の代表的な遺跡としては、雪ノ下《ゆきのした》の大倉幕府周辺遺跡群（のちに源頼朝が御所を建てたとされる場所一帯の遺跡群）のうちの通称「南御門《みなみみかど》遺跡」が注目される。昭和五十五年（一九八〇）の調査により、滑川《なめりがわ》沿いの微高地に竪穴住居跡が発見され、周辺では煮炊きに使う甕《かめ》や食器用の土器などが見つかった。同時に出土した大型の石の鏃《やじり》は、祭祀に使われたとみられている。また、遺跡付近の低湿地が水稲耕作に使われたと思われる。この場所では、平成十五年（二〇〇三）の調査でさらに四十軒以上の弥生中・後期の竪穴住居が見つかったほか、弥生末期の方形周溝墓《ほうけいしゅうこうぼ》が一基、鎌倉中心部としては初めて発見されている。なお、「南御門」というのは、のちに鎌倉幕府の大倉御所の南門が置かれたことに因む地名なのだが、このことをちょっと覚えておいてほしい。

弥生後期（一世紀〜）になると、遺跡の分布が鎌倉全域に広がってくる。北鎌倉の台《だい》（大船駅と北鎌倉駅の中間に位置する地名）や鎌倉山などの台地上からも遺跡が見つかっていることから、かつての入江の奥の部分が変化した泥地が、水稲耕作に使われるようになっていたことを示す。台の水道山《すいどうやま》遺跡では、二十軒の住居跡が発見され、土器に加えて鉄器や青銅器が出土したという。そのほか、手広の八反目遺跡でも、十二軒の住居が見つかっており、柏尾川沿いの低湿地で水稲耕作をおこなっていたとみられる。

以上を振り返ってみると、弥生時代の中・後期には、とりわけ雪ノ下の滑川沿い（のちの大倉御所周辺）と、北鎌倉の台の周辺に、大規模な集落が形成されていたと言えよう。

鎌倉にも存在した古墳

鎌倉と古墳とは、イメージとして結びつかないかもしれないが、鎌倉にも実は古墳があった。弥生時代に続く古墳時代は、三世紀半ばから六世紀終わりごろを指し、各地で前方後円墳に代表される古墳が作られた時代である。全国各地において、地域を支配する豪族（有力者）があらわれ、彼らの墓として古墳が作られた。とりわけ、奈良に拠点を置くヤマト政権がこの時代に力を伸ばし、列島を広く支配下に置くようになる。

由比ヶ浜の和田塚《わだづか》付近の砂丘地帯には、かつて向原《むかいはら》古墳群と呼ばれるいくつもの円墳（古

和田塚の現況［著者撮影］

采女塚出土の埴輪
出典：『よみがえる中世3』（平凡社）［京都大学総合博物館蔵］

墳時代後期のもの）があったらしいが、明治以降の開発で姿を消してしまった。消えてしまった古墳のうちの一つが「采女塚《うねめづか》」と呼ばれていたもので、ここから出土した人物埴輪《はにわ》が京都大学や横浜国立大学に保存されている。

なお、現在残されている「和田塚」と呼ばれる遺跡は、鎌倉時代の和田合戦で滅亡した和田一族の墓と伝えられており、もともとは古墳時代に作られた円墳だったとの説もあるが、確かではない。

そのほかに、鎌倉市内では古墳らしい古墳は見つかっていないが、南に隣接する逗子《ずし》市とその南の葉山町《はやままち》の境界付近で、長柄桜山《ながえさくらやま》古墳群と呼ばれる四世紀後半の二つの前方後円墳が発見されている。この二つの前方後円墳は、神奈川県内で最大の全長を誇り、鎌倉周辺にヤマト王権と密接な関係を持つ有力な豪族がいたことを示唆している。

古墳時代の豪族については、奈良時代成立の『古事記』の景行《けいこう》天皇の部分に、倭建命（ヤマトタケル）の子「足鏡別王《あしかがみわけのみこ》」が「鎌倉之別《わけ》」の先祖であると記されている。「別」とは、四世紀ごろの地方豪族の称号である。ヤマトタケル自身は景行天皇の子とされる伝説上の人物であるが、四世紀ごろの鎌倉周辺に有力な大豪族が存在したことが、「鎌倉之別」の記述の背景にあると思われる。そして、長柄桜山古墳が、「鎌倉之別」一族の墓の可能性もある。

いっぽう、古墳時代終わりの六世紀ごろに作られた石棺墓《せっかんぼ》が、長谷小路《はせこうじ》周辺遺跡で見つかっている。この墓は墳丘《ふんきゅう》ではないものの、石で組まれた立派な棺（石棺）から十代後半の女性の人骨が発見されており、かなりの有力者の墓とみられる。同様の石棺墓が材木座《ざいもくざ》（鎌倉東部の海浜地区の地名）でも発見されており、海上活動に関わる人々の墓の形とも考えられている。

同じく六世紀ごろからは、古墳に代わって横穴墓《よこあなぼ》が作られるようになる。横穴墓は、山や丘陵の斜面などをトンネルのように掘って、穴の奥のスペースに死者を埋納したものである。各地の豪族がヤマト政権に従うようになるにつれて、豪族の墓も、塚式の古墳から横穴墓に変化すると言われる。

鎌倉では、古墳がほとんど見つからない三～五世紀とは打って変わって、古墳時代の終わりから奈良時代の初めにかけて、横穴墓が盛んに作られている。消滅してしまったものも含めると、これまでに約一七〇にのぼる横穴墓が市内のさまざまな場所で見つかっている。古墳時代の終わりごろには、それまで鎌倉の郊外を中心に断続的にパラパラと集落が存在していた状況から、集落の数が飛躍的に増加し、分布も広範囲に展開するようになり、中小クラスの有力者が多数出現するようになったことを意味している。

なお、関谷の洗馬谷《せんばがやつ》横穴群では、第二号穴の壁に船上の合戦の様子が線刻《せんこく》されており、当時の人々と海・川の密接な関係がうかがわれる。また、現在、源頼朝墓の近くに存在する頼朝の家臣である大江広元《おおえのひろもと》や島津忠久《しまづただひさ》の墓は、江戸時代に横穴墓を利用して整備されたものである。

飛鳥時代の鎌倉

七世紀になると、ヤマト政権（朝廷）が日本各地に対する支配権を確立し、飛鳥に都（天皇の宮殿と関連施設）が置かれるようになる。七世紀から八世紀初頭（七一〇年平城京遷都まで）は、古墳時代の最末期に位置するが、律令が施行され日本という国号が定まるなど、天皇を中心とする中央集権国家が成立した新しい段階であり、特に区別して「飛鳥時代」と呼んでいる。

飛鳥時代には、国家によって各地の「国」（相模《さがみ》、武蔵《むさし》など）の境界が確定され、畿内・七道（東海道、東山道など）の制度が成立した。それぞれの国はいくつかの「評《ひょう》」に分けられ、大宝《たいほう》元年（七〇二）の大宝令《たいほうりょう》の施行により「評」は「郡《ぐん》」に改められた。

同時に、全国的な道路の整備も進められた。奈良時代成立の『古事記』には、ヤマトタケルの東征の伝承が収録されている。先にも述べたように、ヤマトタケルの事績そのものは伝承ではあるが、『古事記』に記された東征ルートは飛鳥時代の古・東海道ルートを反映したものと思われる。それによれば、相模中央の平塚方面から藤沢・鎌倉を経て、三浦半島を横切り、横須賀市走水《はしりみず》付近から東京湾を渡って上総《かずさ》に至るルートが想定される。

すなわち、鎌倉は東海道の要所であって、海上とのつながりが強く意識される場所であった。のちに奈良時代の宝亀《ほうき》二年（七七一）に、武蔵が東山道から東海道に配置換えされたことにより、官道「東海道」も相模の中央部を経て武蔵から北関東へ抜けるルートに変更となる。これにより、鎌倉を経て海上から上総へ渡るルートは正規の東海道ルートからはずれるが、交通上の重要性は変わらなかった。

さらに、この時期の鎌倉にはヤマト王権の直轄領である「屯倉《みやけ》」が存在していた。また、相模国は王権の東国支配や蝦夷《えみし》攻略の最前線に位置づけられており、鎌倉はその重要拠点ともなっていたのである。交通の要所であり、王権（朝廷）の東国支配の拠点という性格から、飛鳥時代の鎌倉には集落が多数形成されるようになったと考えられる。この時代の集落の分布のありさまは、ほぼそのまま奈良時代に受け継がれる。

奈良時代の郡家

奈良時代の相模国には、足上《あしのかみ》郡・足下《あしのしも》郡・余綾《よろぎ》郡・大住《おおすみ》郡・愛甲《あいこう》郡・高座《たかくら》郡・鎌倉郡・御浦《みうら》郡の八郡があり、国府は大住郡（平塚市四之宮付近）にあったとみられている。鎌倉郡はさらに、鎌倉郷（鎌倉市中心部）・沼浜《ぬはま》郷（逗子市沼間付近）・埼立《はしたて》郷（詳細不明・長谷《はせ》周辺か）・荏草《えぐさ》郷（鎌倉市二階堂・大町・材木座付近）・梶原《かじわら》郷（鎌倉市梶原付近）・尺度《さかど》郷（藤沢市本町・藤沢付近）・片瀬《かたせ》郷（藤沢市片瀬付近）に分かれていた。

「鎌倉郷」の名前を初めて資料で確認できるのは、天平《てんぴょう》五年（七三三）のことである。神奈川県綾瀬市の宮久保遺跡出土の荷札木簡《にふだもっかん》に、「鎌倉郷鎌倉里軽部■寸稲天平五年九月」（■は判読不能の部分）と書かれていたことから、少なくともこの時点までには、鎌倉郡や鎌倉郷などが設置されていたのである。

鎌倉郡の行政の中心は、その名称から考えて「鎌倉」郷にあったと予想される。郡司《ぐんじ》を頂点として郡を支配する役所を「郡家《ぐうけ》」というが、鎌倉郡の郡家の跡が、まさに鎌倉郷の一角にあたる今小路西《いまこうじにし》遺跡の御成《おなり》小学校地点で発見された。この地点では、後で本書でも触れることになるが、中世の大規模な武家屋敷跡がまず出土しており、続いてその下層から郡家跡が発掘されたのである。

西側に山を背負い、東側に開けた谷の中の六千平方メートルほどの範囲に、遺構は展開している。もっとも古い層では、八世紀前半に建てられたと思われる郡家の政庁の柱穴群が見つかった。それによれば、敷地の北・西・南にそれぞれ長大な掘立柱《ほったてばしら》建物が配置され、コの字状を示している。中央に位置する西側建物が、政庁の中心となる正殿と考えられ、三棟の建物群は東側の谷の入り口方面を正面としていたことになる。正殿らしき建物は、縦が約六メートル、横が約四十メートルという横長の建物であった。瓦はあまり出土していないので、建物は瓦葺《かわらぶき》ではなかったらしい。ちなみに、国衙《こくが》（国ごとに置かれた役所）と比較して郡家の施設には瓦葺のものがきわめて少ないのが、一般的な特色である。敷地の東側には柱列が一列あり、政庁の東限は柵になっていたと想定される。

この最古の層の柱穴の一つからは、荷札木簡が見つかっている。表には「糒五斗天平五年七月十四日」、裏には「郷長丸子■■」（■は判読不能の部分）と墨で書かれていた。糒は「ほしいい（干飯）」で、鎌倉郡のいずれかの郷の「郷長」である「丸子」某が納めたことを意味しており、この場所が郷々から租税が集まってくる場所、すなわち郡家であることの有力な証拠となった。天平五年は七三三年で、それ以前に郡家の政庁が建てられていたことになる。以上より、八世紀初めに、鎌倉郡家が設置されたと見られる。

八世紀中ごろに建物の建て替えがおこなわれたと見られ、右の木簡はその際に廃棄されたものである。八世紀後半までは郡家政庁が存続するが、平安時代の九世紀に入ると政庁は移転した可能性が高く、建物の痕跡が消える。移転先は、同じく鎌倉郷内、元の場所からそう遠くない場所と考えられる。十世紀初めになると、基壇と礎石の上に建つ倉庫らしきものが登場し、再び郡家の関係施設が設けられている。ただし、それらも十世紀のうちに廃絶し、郡家政庁そのものが消滅したと考えられる。十世紀後半になると、全国的に、郡内を一元的に支配していた郡司層が力を失い、郡家が機能しなくなるという。そうした状況と、鎌倉郡家の消滅もぴったりと符合している。

郡家の景観

郡家は、政庁だけでなく、さまざまな施設から構成されていた。律令やその注釈書、長元《ちょう げん》三年（一〇三〇）の「上野国交替実録帳」から典型的な構成を復元すると、正倉《しょうそう》（倉庫群）・郡庁（政庁）・館《たて》（宿泊施設）・厨家《くりや》（郡家全体に属する厨房）からなっていたことがわかる。加えて、曹司《ぞうし》（実務に携わる役人たちの執務室）や武器・農工具・炭・紙などの必要な物資を生産する工房が存在していた。

右に見た構成に対応するように、御成小学校の郡家政庁跡の周辺でも、政庁以外の古代の遺構がいくつか見つかっている。たとえば、政庁地区の北側にあたる千葉《ちば》地遺跡や千葉地東遺跡（紀ノ国屋周辺）からは、川崎市影向寺《ようごうじ》遺跡や相模国分寺《こくぶんじ》と同種のものを含む、多量の古代瓦が出土している。この場所からは、寺院に付属する倉の跡と思われる遺構も出土している。全国的にも、郡家の周辺には寺院が多く存在していた（「郡衙周辺寺院」などと呼ばれる）ことから、郡家もしくは郡司と関係がある寺院の跡であろう。

政庁の東にあたる若宮大路周辺遺跡群のうち鎌倉駅西口付近の地点からは、南北に細長い掘立柱建物が二棟並んで発掘され、郡家に付属する建物と考えられている。実は、この付近には、南のラグーンにつながる河川が流れていたことがわかっており、建築資材や税の集積に使用された郡家付属の「津《つ》」（川みなと）が存在したとの指摘がある。よって、二棟の建物は、津に関連する施設と考えられる。

また、政庁の南西（福祉センター地点）からは、庇付《ひさしつき》の建物一棟を含む掘立柱建物三棟が見つかっている。これらの建物は、郡家の関連施設、とりわけ「館」ではないかと考えられている。

さらに、六五〇メートルほど離れた由比若宮《ゆいわかみや》近くの材木座町屋遺跡からは、奈良時代の掘立柱建物が六棟、発見されている。四角い大型の柱は、各地の郡家の建物と共通しており、住居跡などは見つかっていないことから、おそらく郡家関連施設の跡と思われる。この地点は、古・東海道が近くを通り、かつ海岸線から入り込んでくるラグーンの縁にあたり、水陸交通の結節点であった。よって、交通関連の施設であった可能性が高い。

奈良時代が都市鎌倉の出発点

郡家設置に先行する七世紀後半ごろから、由比ヶ浜の砂丘地帯（長谷小路周辺遺跡・由比ヶ浜中世集団墓地遺跡）に集落が形成される。この地区における遺構の急激な増加が、郡家周辺に先行して起きているため、郡家関連施設の造営に関わる工人らの集団的移住があった可能性も指摘されている。郡家が衰退する十世紀中ごろまでに集落が消滅していることも、由比ヶ浜の古代集落と郡家との密接な関係をうかがわせている。集落形成直前には、砂丘背後の丘陵斜面に、いくつかの横穴墓群が設営されており、丘陵のふもとや谷内に複数の集団が居住していたことを示している。そしてこの集団が、国家（郡家）の主導により由比ヶ浜に移住させられたのである。

いっぽうで、由比ヶ浜の集落跡からは、卜骨《ぼっこつ》（占いに使った獣の骨）が出土していることが注目される。隣接する三浦半島地域（逗子市・葉山町・横須賀市・三浦市）では、おもに海《かい》蝕洞窟《しょくどうくつ》をはじめとする海岸近くから多数の卜骨が出土しており、古いものは弥生時代に遡《さかのぼ》る。このことから、卜骨は、漁撈《ぎょろう》や海上輸送に携わる人々が豊漁や航海安全について占った、弥生時代以来の伝統的習俗だったと思われる。由比ヶ浜に移住した集団の中には、卜骨の習俗を受け継ぐ、海上生活と関わりが深い（あるいはかつて深かった）人々が含まれていたということになる。

郡家には、「領《りょう》」をトップとする正規の役人（郡司）のほか、「郡雑任《ぐんぞうにん》」と呼ばれる大量の実務担当の役人たちが所属していた。郡雑任は、倉庫の管理・文書の作成・徴税・土地の調査・食事の提供・工房での生産など、さまざまな職務を担当しており、郡家周辺に居住していたものと思われる。

由比ヶ浜の集落をはじめ、奈良時代の鎌倉の集落は、郡家に集う人々によって形成されたものが多いのではなかろうか。それを裏付けるように、砂丘地区では七世紀後半から遺跡の数が増加、続いて郡家周辺地区では八世紀前半から遺跡数が増加している。手広や台、津などの周辺地区では、平安時代前期の九世紀前半になって遺跡数が増加しているが、人口増加に伴い丘陵部への耕地拡大と集落の進出が起こったことを示している。

あらためて、この時代の集落の分布状況をまとめてみよう。まず中心部の郡家周辺・長谷などの砂丘地区・滑川東岸のラグーン沿いの材木座地区などにまとまった集落が存在した。また、鶴岡八幡宮近くの大倉・二階堂地区にも集落があった。そのほかに、手広・津・台・大船周辺・朝比奈《あさひな》峠付近などの周辺部にも集落があったと見られる。ちなみに、郡家・砂丘地区を含む鎌倉郷だけで、奈良時代前半にはおよそ一五〇〇人ほどの住民がいたと考えられている。

次に、道路について見てみよう。鎌倉中心部には、二本の東西幹線道路が存在したと考えられる。一本は山側の東西道路で、西北の大船方面から台・山ノ内付近を通って、のちの鶴岡八幡宮地点を通過、大倉から朝比奈峠を経て東の六浦《むつうら》方面へ至るルートである。もう一本は、南の海側の東西道路で、西の江ノ島方面から長谷へ入り、材木座周辺を経て、東の沼浜《ぬはま》(逗子市)へ至るルートで、ヤマト王権・朝廷によって整備された「国道」、古・東海道のことである。先に触れた郡家関連の施設や集落は、いずれもこの二本の東西幹線道路沿いに形成されていたことがわかる。

郡家は二本の東西道路の中間に位置していることから、郡家地区を通って、二本の東西道路をつなぐ南北の道が想定される。おそらく、この南北道路がのちの今小路に継承されるのである。

こうしてみると、鎌倉の基本的な構造は、すでにこの時期にできあがっていることがわかる。政治的な中心が設置され、それに伴って集落の形成、道路・港などのインフラ整備がなされる、すなわち「都市」の形成が、奈良時代に起こっていたということが言える。都市としての鎌倉の出発点は、奈良時代であった。

武士の登場、平氏の鎌倉

さて、鎌倉というとすぐに頭に浮かぶ、源氏・北条氏をはじめとするさまざまな武士たちが「なかなか登場しないなあ」と、ジリジリしておられる読者も多いであろう。ここで、ようやく武士の登場である。

鎌倉を含む東国で、平安時代中ごろの九世紀終わりから十世紀の初めにかけて、郡司が力を失い、郡家が機能を失っていくのと並行して、武士が登場してくる。具体的には、どのようなことが起こっていたのであろうか。全国的な国制改革の結果、国々では国司《こくし》のトップである受領《ずりよう》（守《かみ》・介《すけ》など）に権限が集中するようになる。受領は、私的に農業や物流を経営して利潤をあげていた在地の有力者（富豪層）から、直接徴税するようになり、それまで郡内の人民を一元的に支配して税徴収に関与していた郡司は存在意義がなくなっていった。ところが、受領による収奪が強まったことで、富豪層は反発し、武力闘争が頻発するようになったのである。

国内の紛争鎮圧のために受領のもとに編成された武勇に優れた者たちが、武士の源流と考えられ、さらに京都から派遣されて武士たちを指揮した貴族が、武士団の長であった。武士団の長の代表が、平 高望《たいらのたかもち》（高望王《たかもちおう》）である。高望は桓武《かんむ》天皇の曽孫で、九世紀終わりに上総に下向して紛争を鎮圧し、そのまま現地に土着して関東に勢力を築き、のちの平 清盛《たいらのきよもり》などの伊勢《いせ》平氏を含む武士系桓武平氏の祖となった（武士系の家とは別に、京都に留まり公家として存続する桓武平氏の流れもあった）。

図版４　桓武平氏略系図

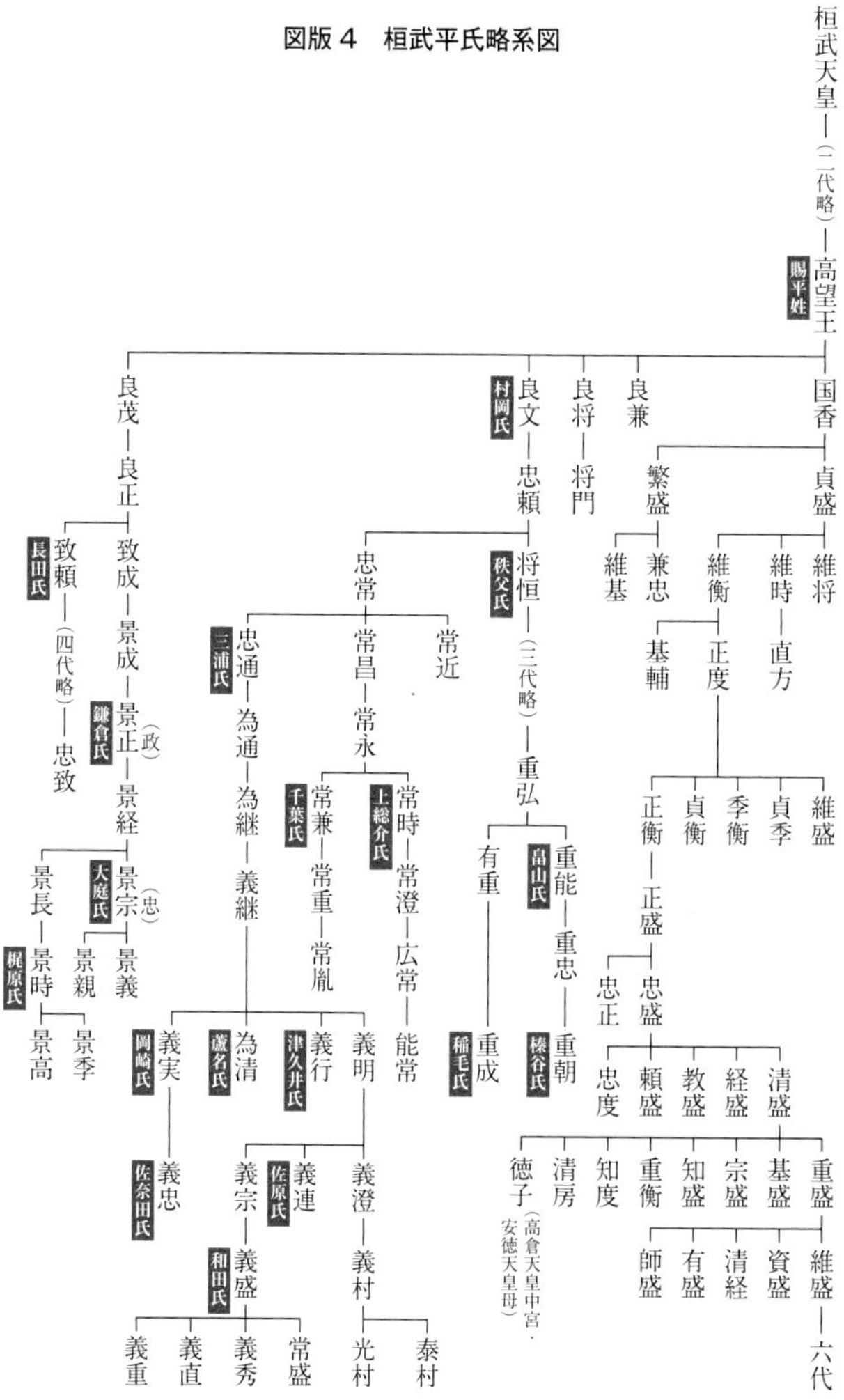
桓武天皇
（二代略）
高望王
賜平姓
国香
良兼
良将
良文
村岡氏
良茂
貞盛
繁盛
将門
忠頼
良正
維将
維時
維衡
兼忠
維基
将恒
秩父氏
忠常
致成
致頼
長田氏
直方
正度
基輔
常近
常昌
忠通
三浦氏
（三代略）
景成
（四代略）
常永
為通
景正（政）
鎌倉氏
忠致
維盛
貞季
季衡
貞衡
正衡
重弘
常時
上総介氏
常兼
千葉氏
為継
景経
正盛
重能
畠山氏
有重
常澄
常重
義継
景宗（忠）
大庭氏
景長
忠盛
忠正
重忠
広常
常胤
景義
景親
景時
梶原氏
清盛
経盛
教盛
頼盛
忠度
重朝
榛谷氏
重成
稲毛氏
能常
義明
義行
津久井氏
為清
蘆名氏
義実
岡崎氏
景季
景高
重盛
基盛
宗盛
知盛
重衡
知度
清房
徳子（高倉天皇中宮・安徳天皇母）
義澄
義連
佐原氏
義宗
義忠
佐奈田氏
維盛
資盛
清経
有盛
師盛
義村
義盛
和田氏
六代
泰村
光村
常盛
義秀
義直
義重

高望の子孫は、上総・下総《しもうさ》・常陸《ひたち》・武蔵・相模などに展開して武士団の長となり、大規模な所領（農地）の開発・経営をおこなった。彼らのなかには国衙の役人となって社会的地位を築く者もあった。天慶《てんぎょう》二年（九三九）に常陸で反乱を起こす平将門《たいらのまさかど》も、将門の乱の平定に活躍した平貞盛《たいらのさだもり》も、ともに高望の孫にあたり、関東に土着した桓武平氏の一族であった（図版4）。

平貞盛の子の維時《これとき》は、十世紀終わりから十一世紀初めにかけて、桓武平氏の族長として京都に進出し藤原道長《ふじわらのみちなが》などに仕えるいっぽうで、本来の基盤である東国にも所領を持っていた。維時の東国での拠点となったのは、飛鳥・奈良時代以降、朝廷の東国支配の拠点に位置付けられてきた鎌倉であったと考えられる。それを裏付けるように、維時の子の直方《なおかた》は、鎌倉に「屋敷」を構えていたと伝えられる（『詞林采葉抄《しりんさいようしょう》』）。

同じころ、鎌倉の周辺においても、桓武平氏の子孫たちが拠点を築いていた。鎌倉の南・東方面には三浦氏、反対の北・西方面には鎌倉氏（大庭《おおば》・梶原《かじわら》氏）が勢力を広げていた。平氏の長の拠点である鎌倉をはさむようにして、二つの平氏系武士団が対峙《たいじ》していた。平安時代前・中期の鎌倉周辺は、平氏の支配する地域だったのである。

平氏から河内源氏の都市へ

長元元年（一〇二八）に、房総半島で力を持っていた平忠常《たいらのただつね》が乱を起こすと、平維時・直方の父子が鎮圧にあたることになった。ところが、維時・直方は乱の鎮圧に失敗し、代わって、同じく貴族出身の武士団の長である源頼信《みなもとのよりのぶ》が、忠常を降伏させることに成功した。武士系の源氏のうち、頼信は河内《かわち》国を本拠として武士団を形成しており、その子孫は「河内源氏」と呼ばれている。

実は、頼信はいきなり関東に乗り込んで成功を得たわけではなかった。平忠常の乱以前に頼信は、上野と常陸の受領を歴任しており、その間に現地の有力武士を動員した経験があり、さらに忠常にいたっては頼信と主従関係を結んでいたのである。こうした背景があったからこそ、頼信が追討を命じられると、忠常はあっさりと降伏したのであった。

いっぽう、忠常追討失敗により面目を失った平直方は、起死回生の策として、源頼信の子・頼義《よりよし》を娘婿《むすめむこ》に迎えて源氏の威勢を借りる道を選択した（『陸奥話記《むつわき》』）。この時に直方は、東国の本拠であった鎌倉の所領と屋敷を、頼義に譲ったとみられる。ここに、鎌倉は平氏の拠点から河内源氏の拠点へと転換した。頼信・頼義父子は、河内を本拠としながら、東国においては鎌倉という要所を支配下に置くことになった。

由比若宮の現況［著者撮影］

頼信の死後、河内源氏の当主の地位を継いだ頼義は、前九年合戦（一〇五一～六二）で、陸奥に赴き、安倍《あべ》氏を滅ぼして争乱を平定した。陸奥から京都へ帰る途中の康平《こうへい》六年（一〇六三）、頼義は石清水《いわしみず》八幡《はちまん》宮を勧請《かんじょう》して由比ヶ浜に社殿を建立した（『吾妻《あずま》鏡《かがみ》』）。この八幡宮こそが、中世以降には鎌倉を象徴するようになる鶴岡八幡宮の淵源である。のちに頼朝が、この社を遷《うつ》して現在の鶴岡八幡宮が創建されるのであるが、元の社もそのまま由比に残り、現在まで「由比若宮」として存続している（「下若宮《しもわかみや》」「元八幡《もとはちまん》」などとも呼ばれた）。

もともと父頼信が一族の氏神《うじがみ》として崇めていたこともあり、頼義も日頃から石清水八幡を厚く信仰しており、前九年合戦の勝利を謝して東国の拠点鎌倉に八幡を勧請したのである。

河内源氏の長・頼義と、桓武平氏の長・直方の娘との間に生まれ、まさに軍事貴族の本流

図版５　清和源氏略系図

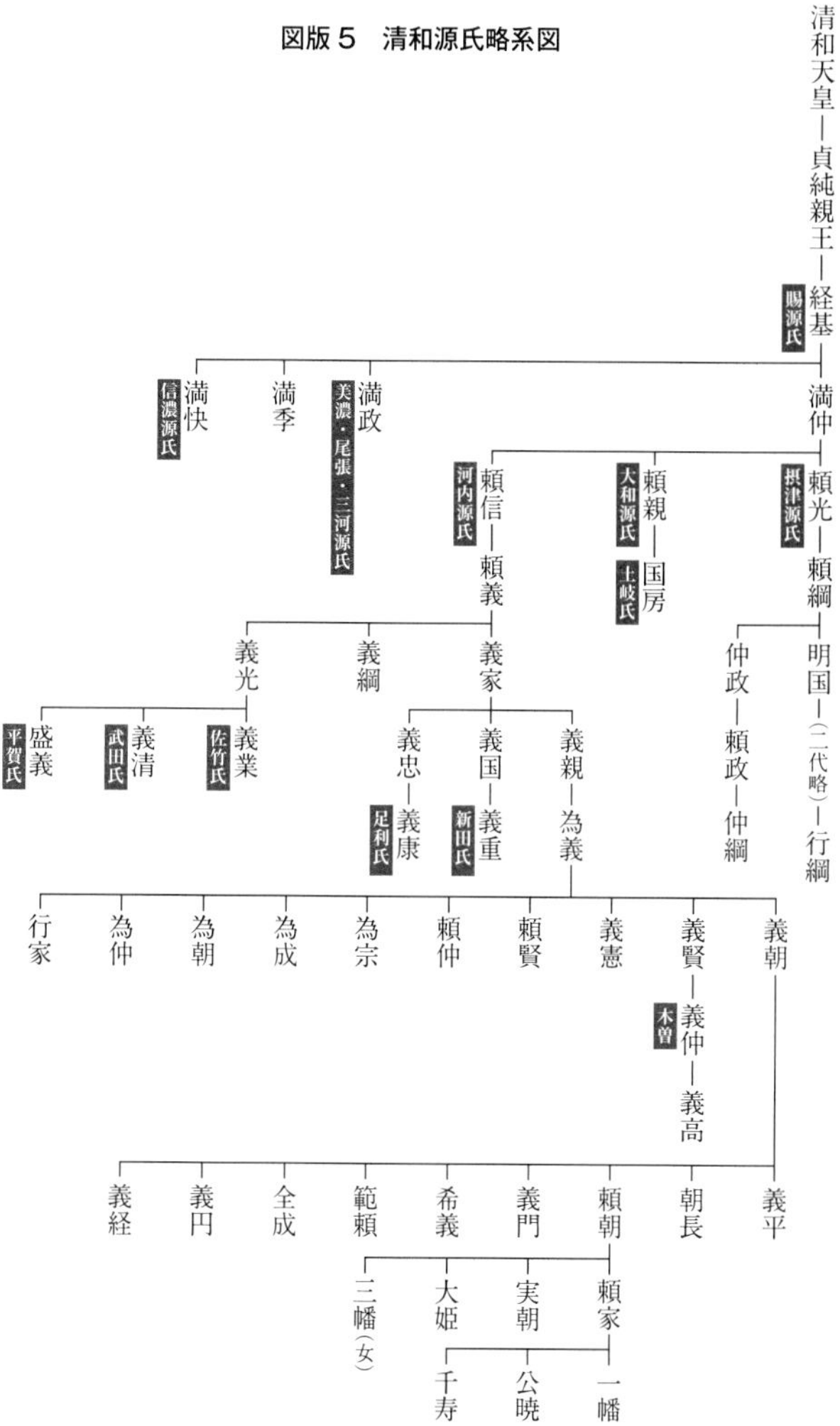
清和天皇
貞純親王
経基
賜源氏
満仲
満政
美濃・尾張・三河源氏
満季
満快
信濃源氏
頼光
摂津源氏
頼綱
明国
（二代略）
行綱
仲政
頼政
仲綱
頼親
大和源氏
国房
土岐氏
頼信
河内源氏
頼義
義家
義綱
義光
義業
佐竹氏
義清
武田氏
盛義
平賀氏
義親
為義
義国
義重
新田氏
義康
足利氏
義忠
義朝
義賢
義仲
木曽
義高
義憲
頼賢
頼仲
為宗
為成
為朝
為仲
行家
義平
朝長
頼朝
義門
希義
範頼
全成
義円
義経
頼家
実朝
大姫
三幡（女）
一幡
公暁
千寿

［東京国立博物館蔵／ Image: TNM Image Archives］

というべき存在が、源 義家《みなもとのよしいえ》であった（図版5）。義家は七歳の時に石清水八幡宮の神前で元服し、「八幡太郎」と名乗っており、やはり八幡との縁が深かった。義家は、父頼義にしたがって前九年合戦に参陣したのち、出羽守《でわのかみ》や下野守《しもつけのかみ》としてしばらく東国にいたが、承保《じょうほう》四年（一〇七七）ごろまでには京都へ戻り、都の警備に従事している。頼義・義家、そしてその孫の為義《ためよし》も、基本的には京都を本拠として活動しており、六条堀川付近に館を構えていたとみられる。ただし、永保《えいほう》元年（一〇八一）になって義家が鎌倉の八幡宮を修復しており（『吾妻鏡』）、京都にあ

後三年合戦絵詞（模本）

りながらも、鎌倉との連絡を密におこなっていたと推測される。

鎌倉土着の武士

陸奥守に任じられた源義家は、再び陸奥に下向して、後三年合戦（一〇八三〜八七）によって清原氏の内紛を武力によって鎮圧した。『奥州後三年記』によると、金沢柵《かねざわさく》での合戦（一〇八七）の際に、義家の家人の間でちょっとした騒動があったという。鎌倉《かまくら》権《ごん》五郎《ごろう》景《かげ》正《まさ》（政）は敵の矢を右眼に受けるが、味方の三浦為継《みうらためつぐ》が顔に足をかけて抜こうとすると、下から刀で為継を刺そうとした。驚いた為継が理由を尋ねると、

「弓矢で死ぬことは本望であるが、生きて顔を足で踏まれるのは恥だ」と言った。為継は絶句して、膝で顔を押さえて矢を抜いたという。この時に景正は十六歳であったというから、逆算して一〇七二年の生まれということになる。

　鎌倉氏も三浦氏も元々は桓武平氏の子孫で、十一世紀ごろから鎌倉周辺に土着するようになっていたが、系譜がはっきりしてくるのはこの鎌倉景正や三浦為継の代からである。景正の子孫は大庭・梶原・長尾《ながお》・懐島《ふところじま》・俣野《またの》・香川《かがわ》などを名乗っており、現在の藤沢市や鎌倉市北部を中心として、茅ケ崎《ちがさき》市・横浜市に及ぶ鎌倉郡西部の広い範囲を拠点として展開していたことがわかる。あるいは鎌倉氏は、河内源氏が拠点としていた鎌倉中心部にも影響力を及ぼしていた可能性がある。「鎌倉」を氏の名として使ったことには、それなりの理由があったであろう。

　いっぽうの三浦氏は、鎌倉の南に位置する三浦郡を押さえており、右に見た後三年合戦での景正に関するエピソードには、鎌倉をはさんで勢力範囲を接する鎌倉氏と三浦氏の微妙な対抗意識が背景にあったのかもしれない。

　鎌倉の西、極楽寺《ごくらくじ》近くの坂ノ下にある御霊《ごりょう》神社（御霊社）は、鎌倉権五郎景正を祭神《さいじん》とする神社で、創建は幕府開創以前に遡ると考えられる。江戸時代の伝承によれば、景正ほか五

御霊神社の現況［著者撮影］

氏の霊を祀った「五霊社」が「御霊社」に転化したというが、むしろ鎌倉から災厄を払うための「御霊」社が、武勇にすぐれた（神がかり的なパワーを持つ）「五郎」景正と結びついた、と考える方が自然であろう。鎌倉時代に御霊社の鳴動について大庭《おおば》景義《かげよし》が頼朝に報告していることから（『吾妻鏡』）、本来は鎌倉氏（大庭氏）がみずからの支配領域の平穏を願って創建した社であったかもしれない。ちなみに、御霊神社の近くには、景正の武勇に因み、江戸時代から「権五郎力餅」を営む店も存在している。いずれにせよ、鎌倉の人々にとって、鎌倉土着の武士・景正の存在は特別な親しみをもって敬われたと思われる。

　さらに、江戸時代の初めには、景正は武勇に優れた正義の味方として、歌舞伎『暫《しばらく》』の主人公に据えられたり、錦絵の題材に取り上げられたりするようになる。先にあげた後三年合戦のエピソードや、武士を連想させる「鎌倉」の名が、創作者の興味をひいたことが原因であろう。

義朝と鎌倉

源義家の孫・為義《ためよし》は、東国及び鎌倉との関係はほとんどなく、主として京都を舞台に活動するが、為義の長男・義朝《よしとも》は、若いころから東国に下向していた。若年期の義朝は「上総曹司《かずさぞうし》」とも呼ばれており、上総国で過ごしたのち、鎌倉に移ったと見られる。永治《えいじ》元年（一一四二）に三浦義明《みうらよしあき》の娘との間に長男・義平《よしひら》をもうけているので（『平治《へいじ》物語』）、このころには三浦郡に隣接する鎌倉にいたのではなかろうか。ちなみに、この時義朝は十七歳であった。『天養記《てんようき》』という史料によると、天養元年（一一四四）、「鎌倉之楯《たて》（館）」に居住していた義朝は、三浦義継・義明や中村宗平《なかむらむねひら》などの在庁官人（現地出身で国衙の実務を担う役人）を率いて、鎌倉に隣接する「大庭御厨《おおばのみくりや》」という荘園に乱入、収穫物を奪い取り住人に乱暴を働く、という事件を起こしている。

大庭御厨は、義家の家人《けにん》でもあった鎌倉権五郎景正が開発し、伊勢神宮に寄進して成立した荘園であった。景正の子孫が下司《げし》（荘園の現地責任者）を務め、当時の下司は景正の孫・大庭景宗《かげむね》（景忠とも）であった。義朝のころには、鎌倉氏は河内源氏から独立しており、主従の関係はなかったらしい。

御厨の範囲は、東は俣野《また の》川（境川《さかい》。鎌倉の玉縄と藤沢の鵠沼《くげぬま》の間を流れ江ノ島付近へ注ぐ）、西は小出《こいで》川（茅ケ崎市と寒川町《さむかわまち》の境界を流れる相模川の支流）、北は藤沢市の亀井神社付近、南は相模湾である。領域内には、俣野・大庭・香川・懐島などの郷が含まれ、鎌倉氏一族（大庭氏が嫡流）が分立して支配していたことがわかる。当時の国衙は、しばしば荘園の免税特権を否定して国衙領に編入しようとしており、それによって在庁官人が利益を得ることができたのである。御厨（荘園）を基盤とする大庭氏と、国衙を基盤とする三浦氏という対立軸に加えて、先に見たように両者は地理的にもほぼ隣り合う地域を支配しており、勢力伸長をはかって対立する側面があった。

義朝が大庭御厨に乱入したのは、三浦氏らの在庁官人系武士と大庭氏の対立を調停して、彼らをみずからの家人とすることが目的であった。さらに、梶原を足がかりに河内源氏当主不在の間に鎌倉中央へも影響力を伸ばそうとしていた大庭氏を牽制《けんせい》する、という意味もあったのではなかろうか。実際、保元《ほうげん》元年（一一五六）の保元の乱の際には、大庭景宗の子の景《かげ》義《よし》・景親《かげちか》兄弟は、義朝の配下として参戦している。

さて、義朝は鎌倉に館を構えていたのであるが、それはどのあたりであったろうか。のち

義朝館跡（寿福寺）［著者撮影］

の『吾妻鏡』治承《じしょう》四年十月七日の記事によると、鎌倉入りをした頼朝は当初、義朝の「亀谷《かめがやつ》御旧跡」に御所を建てようとしたが、場所が狭い上に、岡崎《おかざき》義実《よしざね》（三浦義継の子）が義朝の菩提《ぼだい》を弔うために堂を建立していたので断念したという。この地には、のちに北条政子《ほうじょうまさこ》によって寿福寺《じゅふくじ》が建立される。したがって、亀谷の現在の寿福寺付近に、義朝の館があったことになる。

亀谷の館のほかにも、沼浜（逗子市沼間）に義朝の「御旧宅」があったことを知ることができる（『吾妻鏡』建仁《けんにん》二年二月二十九日条）。そして同記事によれば、沼浜邸の建物は、義朝を「記念」して頼朝が修復を加え、さらに政子が解体して寿福寺に移築している。よって、沼浜邸が義朝ゆかりの場所としてかなり重要視されていたことがわかる。沼浜邸は、義朝が亀谷の館に移る以前に居住した邸宅で、上総から相模に移って初めて居を定めた「記念」すべき場所だったのではなかろうか。そもそも沼浜郷は鎌倉郡のうちであったから、義朝の鎌倉最初の居住地と言ってもよいかもしれない。

さて、義朝は藤沢方面の大庭御厨だけでなく、鎌倉の北東方面へも影響力を及ぼそうとしている。このころ、義朝家人の山内首藤俊通《やまのうちすどうとしみち》（藤原氏）が山内荘（北鎌倉から横浜市栄区にかけての地域）の現地支配者の地位を得るが、義朝の後押しによるものとみられる。ちなみに、俊通の妻・山内尼は頼朝の乳母になっている。

以上の事例から、このころの鎌倉が、藤沢・三浦（逗子・葉山）・横浜南部と密接な関係にあったことがよくわかるであろう。

義朝は、仁平《にんぺい》三年（一一五三）に鎌倉を離れて京へ上り、下野守に任官している。鎌倉の館は、三浦義明の娘との間に生まれた長男義平が引き継いだのであろう。そのため義平は、後に「鎌倉悪源太《あくげんた》」と呼ばれている。周知のように、平治《へいじ》元年（一一五九）の平治の乱において、平清盛らの軍に敗れた義朝・義平は落命し、頼朝は伊豆へ流罪《るざい》となる。

河内源氏の由緒の地であった鎌倉は、平治の乱後は三浦氏と大庭氏のせめぎ合いの場となる。東の六浦から杉本観音堂（杉本寺）あたりまでは三浦氏の支配下にあったとみられ、三浦義明の長男義宗《よしむね》は、「杉本」義宗と名乗っている。いっぽう、西の大庭から梶原あたりを中心に、平氏と密接な関係を築いた大庭景親の支配圏があり、鎌倉全体を支配下に収めそうな勢いであった。

頼朝は「鎌倉」に幕府を置くしかなかった

治承四年（一一八〇）八月、伊豆の韮山《にらやま》に流されていた源頼朝は、以仁王《もちひとおう》の令旨《りょうじ》を受けたことを大義名分として、平氏打倒の兵を挙げた。頼朝の軍は、伊豆国の目代山木兼隆《やまきかねたか》を討ち取り、続いて相模国に入ろうとしたが、石橋山で大庭景親が率いる平氏方の軍に敗れ、海路を安房《あわ》へ逃れる。やがて頼朝は東国の武士を次々と従えて、いよいよ十月六日に鎌倉へ入った。そのまま頼朝は本拠を鎌倉に置き、幕府が開かれることになるのである。

それでは、なぜ頼朝は鎌倉に幕府を置いたのであろうか。『吾妻鏡』治承四年九月九日条によれば、千葉常胤《ちばつねたね》が「今頼朝が居る安房の居所は、とりわけ要害の地ではない。また源氏ゆかりの地ではない。すぐに鎌倉に移るべきだ」と述べたという。逆に言えば、鎌倉は「要害の地」で「源氏ゆかりの地」である、と当時の東国武士たちが認識していたということになる。ただし、要害の地は鎌倉に限らないので、後者の「源氏ゆかりの地」という点が重要であろう。

古代より軍事貴族が東国の支配拠点とし、河内源氏の嫡流が邸宅を構えてきた鎌倉を押さえることは、頼朝が武士のリーダーとしての地位を主張するためには不可欠であった。また、関東の有力武士の協力がぜひとも必要であった頼朝が、彼らの既存の支配地域を奪取することなく（言い換えれば、地元武士団との無用の摩擦を避けて）、本拠を定めようとすれば、もともと河内源氏の拠点である鎌倉以外に候補地はなかった。

いっぽう、鎌倉隣接地域を支配し、頼朝挙兵に協力した三浦氏や大庭（懐島）景義（弟景親は平氏方であった）にとっても、頼朝を鎌倉へ迎え入れることに大きなメリットがあった。すなわち、鎌倉をはさんで対抗関係にある相手の進出を排し、鎌倉を一種の緩衝《かんしょう》地帯とすることができるとともに、頼朝を支える地元の武士団として発言権を強めることができるのである。

以上のような諸条件から、頼朝は鎌倉に本拠（幕府）を置くしかなかったのである。

頼朝の大倉御所

『吾妻鏡』の治承四年十月六日条によると、この日、頼朝は武蔵から鎌倉へ入った。突然のことで頼朝の館はまだ建てられておらず、民家を宿所としたという。厳密に言うと、『吾妻鏡』の記述には「相模国に到着なさった」とあって、「鎌倉」と明言されてはいない。しかし、「館をまだ建てていない」という表現や、翌日の七日条でいきなり「(頼朝は)まず、鶴岡八幡宮(由比若宮のことか)を遥拝《ようはい》なさった」とあることなどから、鎌倉に到着したとみなして良いであろう。

頼朝や主な武士たちが宿所に転用できるだけの民家があったと思われるので、当時の鎌倉には少なくとも小規模な集落はあったと推定される。実際、平安時代後期の十一世紀から十二世紀にかけて、頼朝が入る直前の鎌倉の集落の状況はどうであったろうか。都市鎌倉の基本構造が作られた奈良時代の集落分布を、あらためて振り返ってみよう。中心部では、①郡家周辺・②長谷地区・③材木座地区・④大倉・二階堂地区に、おもな集落があった。実は、十一世紀から十二世紀末までの間は、発掘事例が極端に少なく、わずかな遺物と少数の溝などが確かめられているのみで、右の四つの集落が存続していたかどうかは定かではない。①や②が十世紀ごろにいったん衰退していることから、鎌倉中心部で全般的に集落が減少していたと考えることもできる。

しかしながら、この時期には、奈良時代以来の二本の東西道路沿いに、いくつかの寺社が創建されていることが注目される。山側の東西道に関しては、西寄りに義朝居館跡の亀谷

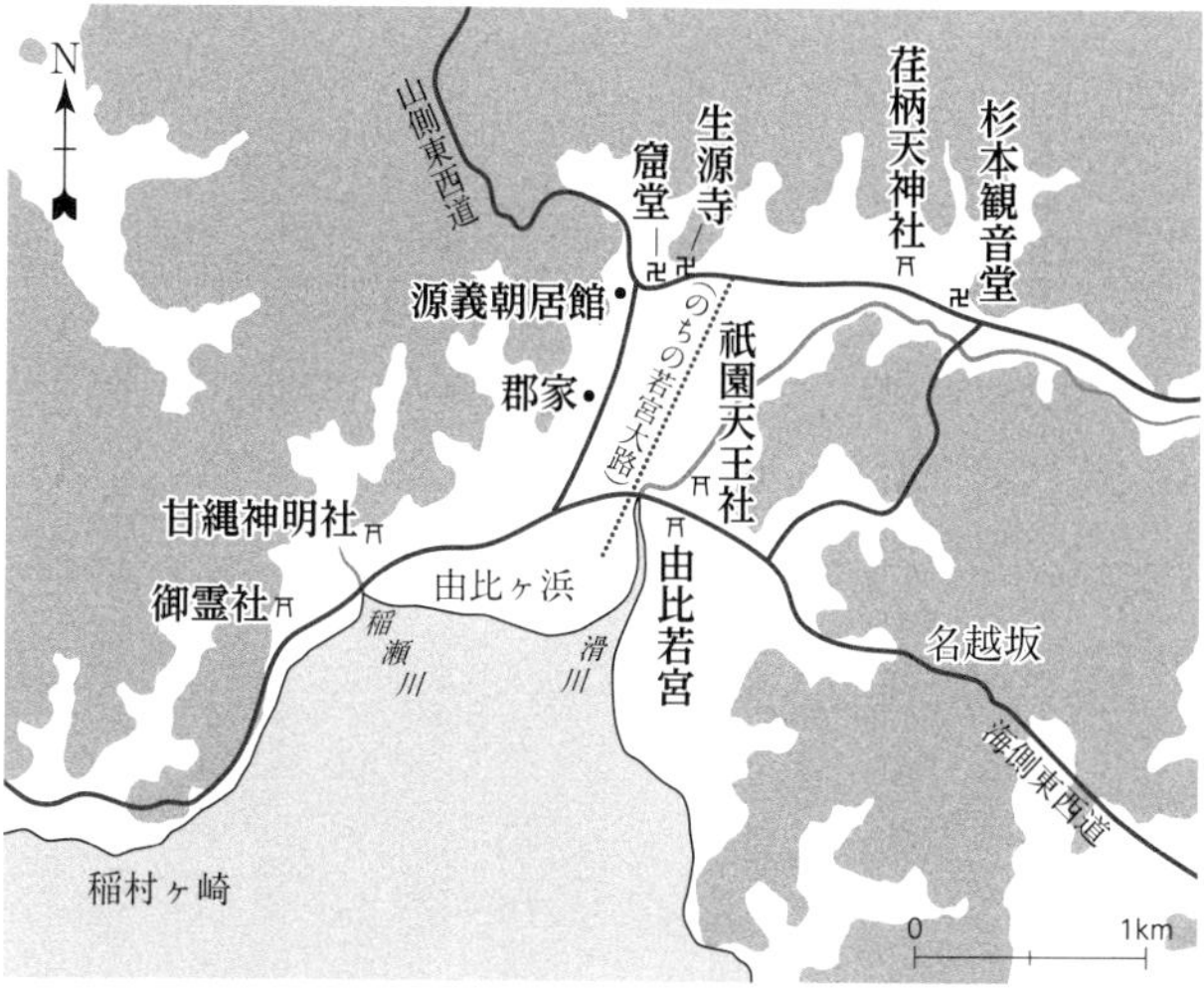

図版６　平安末期の鎌倉　『武家の古都、鎌倉』（山川出版社）をもとに作成

堂・窟堂《いわやどう》・生源寺《しょうげんじ》があり（①の北側に相当）、東寄りに荏柄天神社・杉本観音堂（杉本寺）があった（④に相当）。海側の東西道については、西寄りに甘縄《あまなわ》神明《しんめい》社・坂ノ下の御霊社があり（②に相当）、東寄りに由比若宮・祇園天王社（八雲《やくも》神社）があった（③に相当）。当然、これらの寺社を信仰する近隣の人々の存在があったはずであり、基本的に奈良時代の四つの集落が存続していたのではなかろうか。ただし、①の郡家は十世紀に廃絶し、入れ替わるように源義朝の館が設けられるので、北側の義朝館周辺へ中心が移動したとみられる（**図版6**）。

さて、頼朝は先にみたように、鎌倉入

りの翌日の十月七日、鶴岡八幡宮（由比若宮のこと）を遥拝した後、御所の建設用地にと考えた亀谷の義朝館跡を訪れるが、場所が狭い上に、亀谷堂がすでに建っていたために断念している（以下、主として『吾妻鏡』による）。続いて十月九日、大庭景義を奉行として御所の建設が開始された。景義が奉行となったのは、やはり地元の事情に詳しいということが理由の一つであったろう。

また、御所完成までの取りあえずの頼朝宿所として、山ノ内にあった「知家事《ちけじ》」の「兼《かね》道《みち》」なる者の住宅が移築された。その場所は不明であるが、鎌倉中心部のどこか、山ノ内に近い義朝館跡（寿福寺）周辺か、御所予定地に近い大倉のどちらかだったと想像される。兼道の家は正暦《しょうりゃく》年間（九九〇～九九五）に建てられて以来火災にあったことがなく、それは安倍晴明《あべのせいめい》が鎮宅《ちんたく》の札を貼ったから、というが、もちろんこれは伝承であって、縁起の良い手頃な住宅を選んだのであろう。

なお、知家事兼道という人物についての詳細は不明であるが、もとは京都の摂関家などの公卿の家、もしくは伊勢神宮の知家事（下級の職員）を務めていて、何らかの縁があって関東に下ってきた者であろう。あるいは、義朝と関係のあった人物かもしれない。

十月十一日、伊豆にいた頼朝の妻政子が、いったん稲瀬《いなせ》川付近の民家に泊まった後、吉日であるこの日を選んで鎌倉に入った。稲瀬川が流れる長谷付近に、それなりの集落があったことを裏付けるものである。大庭景義がお迎えをしており、御所建設の奉行とあわせて、景義が地元武士を代表して、いろいろと差配をしていたこともうかがわれる。

御所完成

工事着手から二ヶ月後の十二月十二日、御所が完成し、移住の儀式がおこなわれた。頼朝は上総介広常《かずさのすけひろつね》の宿所を出発地として、前後に多くの御家人を従えた一種のパレードをおこないつつ、新御所へ乗り込んだ。到着後、つき従った武士たちは侍所《さむらいどころ》に着座し、和田義盛《わだよしもり》がその者たちの名前を記録したという。この御所は、源氏三代の将軍によって使用され、研究上は「大倉御所」や「大倉幕府」と呼ばれている。のちに、建久《けんきゅう》二年（一一九一）と建保元年（一二一三）に焼失するが、その都度、同じ場所に再建された。

大倉御所の位置は、大雑把に言えば鶴岡八幡宮の西隣である。中心となる寝殿などの建物は、広範囲の発掘がおこなわれていないことから、正確な位置は不明のままである。ただ、「御所が法華堂《ほっけどう》（頼朝墓所）の下にあった」とする『吾妻鏡』の記述や、御所の門に因む「東《ひがし》御門《みかど》」「西御門《にしみかど》」「南御門《みなみみかど》」という現在も残る地名、地形などから、おおよその範囲が想定

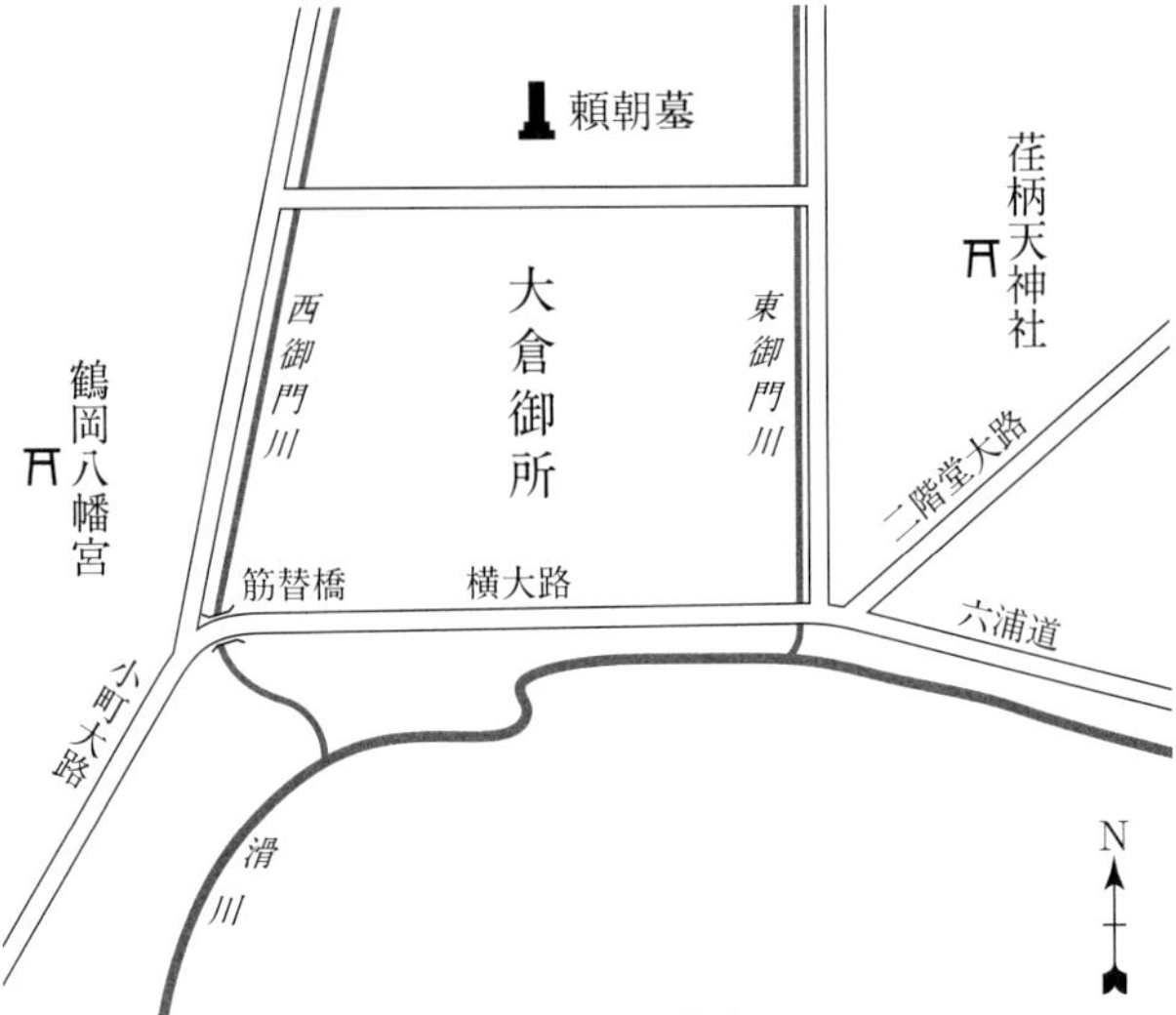

図版７　大倉御所概念図

できる（**図版7**）。

現在の地理に即して述べれば、北は頼朝墓所の真下の東西道路。南は筋替《すじかえ》橋《ばし》から朝比奈に向かう奈良時代以来の東西幹線道路（県道二〇四号・通称金沢街道）。東は清泉《せいせん》小学校の東端から関取橋《せきとりばし》へ延ばした、東御門川に沿った線。西は筋替橋から横浜国大附属鎌倉小学校へ向かう小道の延長線（明治期の旧道）で、西御門川に沿った線。以上のように考えられ、西御門川と東御門川が御所の東西の堀の役割を果たしていた可能性が高い。

『吾妻鏡』は頼朝の御所移住の件に続けて、次のように記している。「御家人（頼朝配下の武士）たちも同じく宿所を構えた。これ以後、東国の人々は頼朝の道にかなったおこないを見て、『鎌倉の主』と仰いだ。鎌倉は辺鄙《へんぴ》なところで、漁民や農民の他には住む者も少なかったが、頼朝の御所完成を機に、街路を整備し村々に名を付けた。さらに家が屋根を連ね、密集するようになった」と記している。

そもそも、『吾妻鏡』は鎌倉後期に幕府関係者によって編纂された歴史書である。よって、頼朝の鎌倉入り以降の繁栄を際立たせるために、それ以前の鎌倉の姿をことさら貧弱に描いているとみられる。しかしながら、政治の中心であることを主要因として発展した「都市」鎌倉の本格的な出発点を、頼朝の御所完成というできごとに求める、という見方そのものは間違っていないと思われる。また、頼朝が「鎌倉の主」、言い換えれば東国の王である「鎌倉殿」という地位を確立したことと、御所完成や都市鎌倉の整備とを関連づけている点は、大変興味深い。いっぽうで現在の学界では、鎌倉幕府の成立を特定の年に絞り込まず、段階的に成立したとする見方が主流である。これまではあまり重視されていないが、治承四年（一一八〇）の鎌倉での頼朝御所の完成と、それに伴う御所における主従関係の確認・都市鎌倉整備の着手は、幕府確立の過程で最初の画期になったといえるだろう。

大倉という場所

では、頼朝はなぜ、鎌倉の中でも大倉に御所を置いたのであろうか。おもに、以下の三つの理由が考えられる。

第一の理由は、主要な街道に面した古くからの集落地域であったことである。先に弥生中期の遺跡である「南御門遺跡」が、大倉御所の南門付近に位置することを述べたが、覚えておられるだろうか。古代から連綿と利用されてきた場所で、山側の東西幹線道路に面した場所がこの大倉であった。幹線道路沿いの集落としてすでに開発が進んだ地域であれば、周辺に耕地もあり、水資源や食料の確保も容易であったと想像され、住環境が整っている点が評価されたと思われる。隣接する鶴岡八幡宮境内の鎌倉国宝館収蔵庫地点では、十一世紀の水田跡が見つかっており、少し後のことになるが、寿永《じゅえい》元年（一一八二）には、八幡宮近くの「弦巻田《つるまきだ》」とよばれる三町ばかりの水田を池に改造している（現在の源平池がこれである）。これらの事実は、大倉御所周辺に集落・耕作地が広く存在していたことを裏付けている。

第二の理由は、安定した平坦な広い場所の確保が可能であったことである。幹線道路沿いの古くからの集落地域という点では、大倉のほかにも、旧郡家から亀谷にかけてや、長谷、材木座などの地域も同様の条件を備えている。ただし、海岸砂丘や低湿地に沿った長谷・材木座に比べて、山側の亀谷・大倉は風や水による自然災害の影響を受けにくく、相対的に安定した地域と言える。さらに、繰り返しになるが、亀谷の義朝館跡の周辺では御所に適した広い場所が用意できなかったのであり、広い面積の平坦地を確保できる大倉が候補地となろう。三浦・大庭・梶原などの地元武士を除く多くの武士が、新たに御所周辺に宿所を構えたのであり、かなりの平坦地が必要となったはずである。

第三の理由は、次で述べる鶴岡八幡宮の場所に隣接していることである。御所の建設と並行して鶴岡八幡宮の建立がおこなわれ、その後も源氏三代の将軍の時代を通して政治と宗教のセンターが大倉に存在することになる。すなわち、御所と八幡宮のエリアは一体のものとして構想されたとみてよさそうである。また、鶴岡八幡宮境内の鎌倉国宝館収蔵庫地点では、十二世紀中ごろの、成人男女一体ずつが合葬された土坑墓が発見されており、源氏関係者の葬地であった可能性も指摘されている。したがって、八幡宮が建立される場所は、人々から聖地・葬地と認識されていた場所とみられる。源氏の氏神・八幡宮を造営するにふさわしい場所が近くにあり、そこに隣接して御所を構えることで、神仏の加護を得ようとしたということが考えられる。

鶴岡八幡宮

現在の鎌倉は歴史の古い都市にふさわしく、「寺院や神社が多い町」というイメージがあると思うが、実際に市内には一二〇ほどの寺院・神社がある。しかし、かつてはこれをはるかに超える数の寺社が存在していた。なにしろ、現在は廃絶してしまった寺院ばかりを対象にした『鎌倉廃寺事典』（貫達人《ぬきたつと》・川副武胤《かわぞえたけたね》著、有隣堂、一九八〇年）という事典もあるくらいで、同書には四〇〇弱の寺社が取り上げられている。宗教都市と言ってもよいほどの、鎌倉における寺院の隆盛は、鎌倉時代に始まる。

鎌倉の寺院といえば、「鎌倉五山《ござん》」を代表とする禅宗寺院がまずは思い出されるが、禅宗寺院が林立するようになるのはもう少し後の北条時頼《ほうじようときより》の時代（十三世紀後半）以降の話である。鎌倉時代初期には、頼朝が造営した天台《てんだい》・真言《しんごん》などの旧仏教（顕密仏教）の大寺院が、大きな存在感を持っていた。その中核となったのが、鶴岡八幡宮であった。

頼朝は、治承四年（一一八〇）十月六日に鎌倉へ入り、わずか六日後の十二日には早くも、先祖を祀るために、「小林郷の北山」に由比ヶ浜から八幡宮を遷している。かつて先祖頼義が氏神として石清水八幡宮から勧請した由比若宮（元八幡）を、さらに現在の鶴岡八幡宮の場所に遷したのである。先にも述べたように、鶴岡八幡宮の場所は大倉御所の西北に隣接し

鶴岡八幡宮［著者撮影］

ており、源氏の氏神を御所の鎮護として迎えるため、早急に八幡宮を遷したのであろう。かなり急いでいたらしく、社殿は松の柱と萱葺の屋根という粗略な造りであった。翌養和《ようわ》元年（一一八一）には、浅草（現・東京都台東区）から大工を招いて本格的な社殿を新築し、梶原《かじわら》景時《かげとき》を奉行として遷宮をおこなっている。御所造営を差配した大庭景義の同族・梶原景時が起用されたのは、やはり地元の武士としての人脈が期待されてのことであろう。

なお、鶴岡八幡宮の場所に遷って以降も、「若宮」という呼称は引き継がれ、鶴岡八幡宮はしばしば「若宮」とも呼ばれており、後に述べるように頼朝の命で造成された八幡宮の参詣道は「若宮」大路と称されたのである。また、現在の鶴岡八幡宮は純然たる「神社」であるが、これは明治時代の神仏分離によって仏教色が一掃された後の姿である。明治以前には、「鶴岡八幡宮寺」という名称もあり、寺院と神社が一体となった「神仏習合《しんぶつしゅうごう》」の形態をとっていた。境内には寺院的施設も多く、八幡宮の最高責任者である「別当《べっとう》」は僧侶であった。寿永元年（一一八二）に、園城寺《おんじょうじ》（三井寺）にいた円暁《えんぎょう》という僧侶が初代別当に迎えられている。そのほか、建物の管理、法会《ほうえ》、祈祷などを担当する「供僧《ぐそう》」という僧が二十五名、任命された。別当の住居である「別当坊」や、供僧の住居である「二十五坊」は、八幡宮の西北の谷（通称「御谷《おやつ》」）に存在していた。

その後しばらくして、建久二年（一一九一）、大火によって鶴岡八幡宮は焼失してしまうが、ただちに再建された。その際、石清水八幡をあらためて勧請した本宮が、それまでの社殿の上の場所に造営されている。

さて、当初は源氏の氏神として祀られた鶴岡八幡宮は、やがて鎌倉幕府と都市鎌倉、東国社会の守護神として、御家人をはじめとする多くの人々の信仰を集めるようになる。とりわけ、文治《ぶんじ》三年（一一八七）に頼朝が石清水八幡宮にならって始めた八月の放生会《ほうじょうえ》は、鎌倉あげての一大宗教行事となった。

放生会とは、捕らえた生き物を逃がして功徳《くどく》を施す仏教法会で、当初は八月十五日のみであったが、建久元年（一一九〇）からは十五・十六の二日がかりの行事に拡大された。まず十五日には将軍みずからが参詣し、法会、社殿廻廊での舞楽などがおこなわれた。この日の行事に参加を許されたのは、少数の御家人のみであった。十六日は主会場が馬場（現在の流鏑馬《やぶさめ》馬場）に移り、将軍臨席のもと、流鏑馬、競馬《くらべうま》などの行事がおこなわれた。こちらは、広く見物人に開放された行事であり、多くの人々が参集したのである。流鏑馬は、石清水の放生会にはなく、鶴岡八幡宮放生会において新たに取り入れられた儀礼で、御家人が武芸を披露する晴れの場でもあった。

若宮大路

平安京では、内裏《だいり》の真正面に至る南北の中心道路が「朱雀大路《すざくおおじ》」であったが、都市京都の変遷にともなって、後継道路である現在の「千本通《せんぼんどおり》」はもはや中心としての地位を失っている。いっぽう、中世以来の鎌倉の中心道路である若宮大路は、現在も依然として鎌倉中心部を南北に貫く主要道路である。鶴岡八幡宮の本格的社殿が完成した一年後、寿永元年（一一八二）に、頼朝は妻北条政子の安産祈願のため、海岸近くから八幡宮へ至る直線の参詣道を造成した。これが、若宮大路である。

若宮大路の中央部に一段高く築かれた道が「段葛《だんかずら》」で、おもに将軍の参詣などの儀礼の

若宮大路の現況［著者撮影］

際に使用されたと考えられる。段葛という名称は、一段高く築いた道に、葛石《かずらいし》（縁石）を置いたことによると思われる。中世の史料では、「置石《おきいし》」もしくは、「作道《つくりみち》」などと呼ばれている。平安京においては、内裏への貴人の通路として一段高い「置路《おきみち》」というものが設置されており、若宮大路の段葛も、これにならったと考えられる。

現在の段葛は、八幡宮前の三の鳥居から二の鳥居までとなっているが、中世の絵図（『善宝寺《ぜんぽうじ》寺地図』）や近世の絵図（『鶴岡八幡宮境内絵図』、『相中留恩《そうちゆうりゆうおん》記略《きりやく》』）を見ると、さらに南の下馬《げば》四つ角あたりまで延びていたことがわかる。

若宮大路へは、「下馬」と呼ばれる三つの地点でのみ道が直交するようになっており、他の東西道路は若宮大路に直接通じていなかったと考えられる。したがって、若宮大路へは、必ずいずれかの下馬を経て（しかも騎馬の者は馬を下りてから）、大路へ入らねばならなかったのである。

下馬は、北から順に「上ノ下馬」、「中ノ下馬」、「下ノ下馬」と呼ばれていた。上ノ下馬は、若宮大路の北端、三の鳥居前の横大路《よこおおじ》との交差点である。中ノ下馬は、現在の鎌倉駅近くの二の鳥居付近で東西道路と交差したが、この東西道路が「宇都宮辻子《うつのみやずし》」にあたると想定される。下ノ下馬は、大町大路との交差点で、現在の下馬四つ角にあたる。

さらに、若宮大路の北部では、大路両側において発掘調査が多数おこなわれており、鎌倉時代の様子が明らかになってきた。それによれば、道幅は現行の道路幅よりも広い三三・六メートルあり、東西両側にそれぞれ幅三メートル・深さ一・五メートルの側溝が設けられていたのである。側溝には、木組みの支えによって崩れ止めの工夫が施されていたことも判明している。また、若宮大路は八幡宮参詣のための神聖なる道であるため、武家屋敷は基本的に大路に背を向けて造られ、大路側には表門を開いていなかったと考えられている。連絡道路が少なく、側溝と屋敷の塀で囲われた若宮大路は、いわば鎌倉の中心を貫く空白地帯のようなものであり、鶴岡八幡宮の参詣道としての性格を強く持つ儀礼的道路であったのである。

勝長寿院・永福寺

鶴岡八幡宮は将軍頼朝が建立し、幕府が別当や供僧を任命し、幕府のための祈祷がおこなわれた寺社で、いわば幕府直属寺院という性格があった。実は、頼朝が鎌倉に建立した幕府直属の旧仏教の大寺院が、ほかにも二つ存在した。そのうちの一つは、鶴岡八幡宮造営にやや遅れて、元暦《げんりゃく》元年（一一八四）に、頼朝が父義朝の菩提を弔うために建立した勝長寿院《しょうちょうじゅいん》である。勝長寿院は、大倉御所の南方の谷に建てられ、「大御堂《おおみどう》」と呼ばれた。のちに、実朝《さねとも》や北条政子も勝長寿院に葬られており、源氏将軍家の菩提寺といってもよいであろう。

勝長寿院には源氏将軍が廃絶したのちも北条氏が参詣を続け、摂家将軍・親王将軍の子弟が別当となっており、さらに室町時代に入ってからは足利将軍の猶子《ゆうし》が任命されている。これらは、勝長寿院が源氏将軍家菩提寺としての権威を保持し続けていた証拠であろう。しかしながら、寺院としての活動は次第に形骸化し、室町後期には廃絶してしまう。現在は、跡地に石碑が建てられているのみである。

もう一つの幕府直属寺院は、頼朝が文治五年（一一八九）の奥州合戦の戦没者の鎮魂のために、建久三年（一一九二）に、建立した永福寺《ようふくじ》である。

永福寺は、大倉御所の東北、現在の鎌倉宮の東北の谷の中いっぱいに広がるようにして造営された。中心となる堂が、平泉《ひらいずみ》中尊寺《ちゅうそんじ》の二階大堂（大長寿院）を模した二階の堂であったため「二階堂《にかいどう》」と呼ばれ、付近一帯の地名としても残っている。

永福寺も室町時代に廃絶したとみられ、現在寺院は残らないが、発掘調査の結果、さまざまなことが判明している。すなわち、二階堂の左右に阿弥陀堂・薬師堂が並び、三つの堂の正面には、背後の山から遣水《やりみず》を引いて作られた巨大な池を中心とする壮大な庭園が設けられていた。池の中央には橋が架けられ、池の中に島も存在していた。また、伽藍《がらん》の正面の山には経塚《きょうづか》が築かれており、立派な経筒《きょうづつ》や念珠《ねんじゅ》・扇・櫛《くし》などの品が出土している。経塚は永福寺とほぼ同時期のものとみられ、将軍もしくはその近親者が造営したものと想定されている。寺の背後の山からも十三世紀中ごろに造営されたとみられる経塚が発見されており、特別な信仰の場として認識されていたようである。永福寺は、まさに将軍家の権勢を示す大寺院であった。現在は、史跡公園として整備されており、往時の広大な伽藍や庭園を

永福寺跡［著者撮影］

しのぶことができる。

平泉と鎌倉

永福寺が中尊寺・大長寿院を模して造営されたことからわかるように、奥州合戦において実際に訪れた平泉から、頼朝をはじめとする鎌倉の人々が大きな影響を受けたことは間違いない。平泉は、武士政権の拠点都市という点では、鎌倉に先行する存在であった。壮大な庭園を備えたいくつもの大寺院や経塚を擁する平泉の景観は、鎌倉にも受け継がれていったと思われる。

また、平泉では奥州藤原氏によって三セットもの一切経《いっさいきょう》が備えられていた。一切経という経典セットは、仏教の正統の系譜を受け継いでいるということの象徴であったが、その整備に多大な資金と労力を必要としたため、それを整備した世俗の権力の権威を示すものでもあった。白河《しらかわ》上皇が京都の法勝寺《ほっしょうじ》に納めた一切経や、藤原摂関家が宇治平等院《うじびょうどういん》に納めた一切経はその一例である。鎌倉においても、将軍によって創建された幕府直属寺院、すなわち鶴岡八幡宮・永福寺・勝長寿院の三大寺院には、一切経が納められ、一切経会という法会がおこなわれて、将軍家の権威を示していた。

また、奥州合戦後の平泉からの帰りがけに、頼朝は洞窟に毘沙門天《びしゃもんてん》を安置した「田谷《たこくの》窟《いわや》」を参詣したという。この田谷窟とは、現在も平泉の入り口に残る達谷《たっこくの》窟《いわや》（西光寺《さいこうじ》）のことである。頼朝は達谷窟に何か感じるところがあったらしく、鎌倉近辺の洞窟に仏が安置される形式の寺院を深く信仰した。鎌倉に以前よりあった窟堂《いわやどう》を信仰するだけでなく、鎌倉郊外にある「岩殿観音堂」（逗子市久木《ひさぎ》の岩殿寺《がんでんじ》）にも、たびたび参詣していたことが『吾妻鏡』に見えている。埼玉県東松山市の岩殿山正法寺《いわどのさんしょうぼうじ》（岩殿観音）には、頼朝が再興したという伝承が残されている。

窟堂の現況［著者撮影］

　さらに、時代は少し下るが、鎌倉後期の『吾妻鏡』弘長《こうちょう》三年（一二六三）九月十二日条によって、奥州・武蔵方面から鎌倉に入る正面玄関というべき道「武蔵大路」（仮粧坂《けわいざか》）に、卒塔婆《そとば》があったことがわかる。ここで連想されるのが、白河関から外《そとが》浜《はま》までの奥大道に、藤原清衡《ふじわらのきよひら》が金色の阿弥陀像を描いた笠塔婆《かさとうば》を一町ごとに建てたというエピソードである（『吾妻鏡』文治五年九月十八日条）。奥州合戦の際に平泉付近で頼朝たちも奥大道の笠塔婆を目にしていたであろうから、それにならって鎌倉にも道標がわりの笠塔婆が設けられた可能性がある。

平泉は京都志向の強い都市である、と言われるが、鎌倉の人々は平泉経由で京都文化を摂取したとも言える。

もちろん、平泉から鎌倉への一方的な影響ばかりではなく、武家政権の都市という共通する性格から、二つの都市には類似点もみられる。たとえば、藤原秀衡《ふじわらのひでひら》の平泉の館（御所）の正面の山には、父祖が眠る中尊寺金色堂《こんじきどう》が位置していたが、鎌倉の大倉御所の真横の山には氏神・鶴岡八幡宮があり、背後の山には頼朝の墓所（法華堂）が設けられる。先祖の霊に見守られる場所に館を構える、という点で共通の心性がみられる。また、平泉の館や寺院は大規模な堀で囲まれていたが、鎌倉の源氏三代将軍の時期には、やはり大倉御所をはじめとして大規模な堀で囲まれた館が並ぶ風景がみられたのである。

武士が政治的に力をつけてきたこの時代、各地に有力武士の政治拠点、つまり「武家の都市」が生まれつつあった。京都では、平清盛が初めて武家政権の先駆けを樹立しており、郊外の六波羅《ろくはら》には、清盛の祖父・正盛《まさもり》の代から、当主の館を中心に平氏一族や家臣の武士が集住していた。平泉でも、奥州藤原氏の館を中心に武士が集住していた。そして、六波羅の清盛の館の中に存在した常光院《じようこういん》という仏堂は、もともとは正盛の持仏堂であり、のちに正盛の遺骨が納められるのであるが、ここには一切経が納められていたのである。こうしてみると、六波羅から平泉へと武家の都市のスタイルが伝播し、頼朝は鎌倉にそのスタイルを本格的に持ち込んだと言える。

都市鎌倉を楽しんだ実朝

二代将軍頼家《よりいえ》は、幼いころに父母とともに上洛した経験があり、京都を実際に目にして、鎌倉のまちづくりについても何か思うところがあったかもしれない。しかし、周知のように頼家は、将軍就任後数年で実朝に職を譲らされ、死去してしまうので、鎌倉との関わりについては特に記すことはない。三代将軍実朝は、京文化への憧れを持ちつつも、京都へ上ったことはなかった。そのかわりに、四季折々の自然を身近に感じることができるという鎌倉の特色を利用して、近場への散策で存分に楽しんだようである。

実朝の自然の風雅を愛でるための外出は、社寺参詣を名目としておこなわれることが多かった。実朝がみずからの歌を編纂した和歌集『金槐《きんかい》和歌集』には、勝長寿院で詠んだ歌がいくつか見られる。永福寺に関しては、『吾妻鏡』に三月十五日の恒例一切経会の記事が頻繁に見え、将軍実朝の出席も恒例となっていた。桜の季節であり、庭園の整備された寺院であることから、花見を兼ねたものだったようである。また、ホトトギスの鳴き声を聞きに永福寺まで出かけたものの、ついに聞けずに空しく帰ったこと（『吾妻鏡』承元五年〈一二一一〉四月二十九日条）や、山家の雪を鑑賞しに二階堂行光《にかいどうゆきみつ》の邸宅に出かけ、和歌・管弦の遊びをおこなったこと（同建保《けんぽう》元年〈一二一三〉十二月十九日条）などが知られている。

　実朝と都市鎌倉の関係という点では、建保二年（一二一四）の大慈寺《だいじじ》の創建が注目される。大慈寺は、実朝が父（頼朝）の徳と君（後鳥羽《ごとば》上皇）の恩に報いるために建立した寺で、大倉の地にあったという。実朝の信頼の厚い栄西《えいさい》を導師として、落慶《らっけい》法要がおこなわれている。室町時代には廃れて、建物の痕跡も発見されていないことから、正確な場所は不明であるが、大倉御所の東方、山側東西道路（金沢街道）沿いの明王院《みょうおういん》（五大堂）の東側にあったとみられている（鎌倉市十二所《じゅうにそ》）。実は、庭園史研究者の森蘊《もりおさむ》（一九〇五－一九八八）が昭和十九年（一九四四）に明王院の南面の水田を実測し、永福寺の池と似た形の池を中心とする庭園の痕跡を発見しており、この場所が少なくとも鎌倉時代中期に改修された時の大慈寺の場所であった可能性は高い。

大慈寺は、鶴岡八幡宮などの頼朝創建の三寺院と同じく一切経を備えていたほか、仏舎利も安置され、実朝の没後も北条氏の保護を受けており、幕府直属の寺院として尊重されていたといえる。大慈寺から出土したという瓦も伝わっており、創建期の瓦の文様は和泉国で作られた瓦の影響を受けているという。大慈寺という寺の名は、中国（宋）の大慈寺という名刹にちなむ可能性もあり、大慈寺には都市鎌倉にさまざまな文化の香りをもたらす装置という側面もあった。

なによりも、大慈寺の創建によって、大倉のかなり東の奥、朝比奈峠の近くにまで、道路などの整備の手が伸びたのではないかと思われる。

源氏三代の鎌倉

頼朝・頼家・実朝の源氏将軍の時代の鎌倉の町並みは、源氏の氏神・鶴岡八幡宮と大倉御所を結びつける山側の東西道を中心に展開したと言える。この東西道は、御所の東側では、勝長寿院、永福寺、大慈寺といった大寺院が沿道にならぶ。いっぽう、西側では頼朝の信仰が厚い窟堂が沿道に位置するとともに、義朝館の旧跡と北条政子創建の寿福寺の前に至る。御家人たちの宿所も、多くは大倉御所の近隣を中心に、山側東西道沿いの小さな谷の奥など

北条義時法華堂跡［著者撮影］

に散在していたと思われる。そして、御所の背後の山には頼朝の墓所（法華堂）、勝長寿院には実朝の墓所が営まれたのである。さらに、頼朝法華堂の東隣の山には、北条義時の法華堂（墓所）が設けられている。義時法華堂の正確な場所は長らく不明であったが、近年の発掘調査によって場所が確定された。

なお、新たに造成された直線の大道・若宮大路は、鎌倉の中でも異彩を放っていた。鎌倉では、平安京（京都）のように当初から人工的に直線街路で区画される都市のマスタープラン（条坊制）は存在せず、小町大路や今大路などの多くの道は川の流れや地形に合わせてカーブしていた。それに対して、若宮大路は鶴岡八幡宮の参詣道として作られ、格段に広い道幅といい、その徹底した直線といい、他の道路と大きく異なっている。発掘の成果によると、若宮大路に近いエリアでは、道や溝が若宮大路と平行・直交方向になっているが、そのほかのエリアでは、道・溝はバラバラの方向であるという。おそらく、古代から散発的に作られてきた道路・溝が存在しており、幕府設置後に鶴岡八幡宮・若宮大路の整備と合わせて、八幡宮周辺のみ方眼状（碁盤の目状）に街区が整えられたのであろう。

さらに、古代から続く山側の東西道も、鶴岡八幡宮境内の境界線に沿って、八幡宮門前で直角に屈曲する道（横大路）に変更されたとみられる。

全体として、鎌倉時代初期までの鎌倉は、山側の東西ラインを中心として、河内源氏の由緒の地であることを強く印象づける都市であった。この構造が大きく変わるのが、次章でとりあげる摂家将軍と北条泰時《やすとき》の時代である。

第二章

鎌倉中期〜室町後期

北条の都から戦国の鎌倉へ

都市鎌倉を整えた北条泰時

承久《じようきゆう》三年（一二二一）に起きた承久の乱に勝利した鎌倉幕府は、その後、貞応《じようおう》三年（一二二四）に執権《しつけん》に就任した北条泰時のもとで、新たな段階へと移行する。すなわち、源氏三代の将軍の後、摂関藤原氏出身の九条頼経《くじようよりつね》が将軍に就き（図版8）、執権を補佐する「連署《れんしよ》」の職が初めて置かれた。また、執権・連署を中心として有力御家人からなる評定衆《ひようじようしゆう》が参加する、「評定」という政策・訴訟の最高議決機関が設けられた。続いて、泰時の主導により、評定の指針となる基本法令「御成敗式目《ごせいばいしきもく》」も制定された。泰時以後、北条氏の主導する幕府（北条政権）により、武家政権の中心都市として鎌倉は整備されていくのである。

そして、泰時の時代には、都市鎌倉の基本的な骨格をつくる、いわばグランドデザインを描くようなインフラの整備がおこなわれている（図版9）。たとえば、若宮大路沿いの場所への将軍御所の移転がそれにあたる。ほかには、「保《ほ》」という地域区分の行政制度、保ごとの夜間警備拠点である「篝屋《かがりや》」の導入、地割りの基本となる「丈尺《じようしやく》」という寸法単位などが導入されている。これらはいずれも、京都の制度にならったものとみられるが、泰時は嘉《か》禎《てい》四年（一二三八）に将軍頼経に随行して京都へ上っており、その際に京都の都市制度を詳しく知る機会があったと思われる。

図版８　鎌倉幕府将軍と北条氏略系図

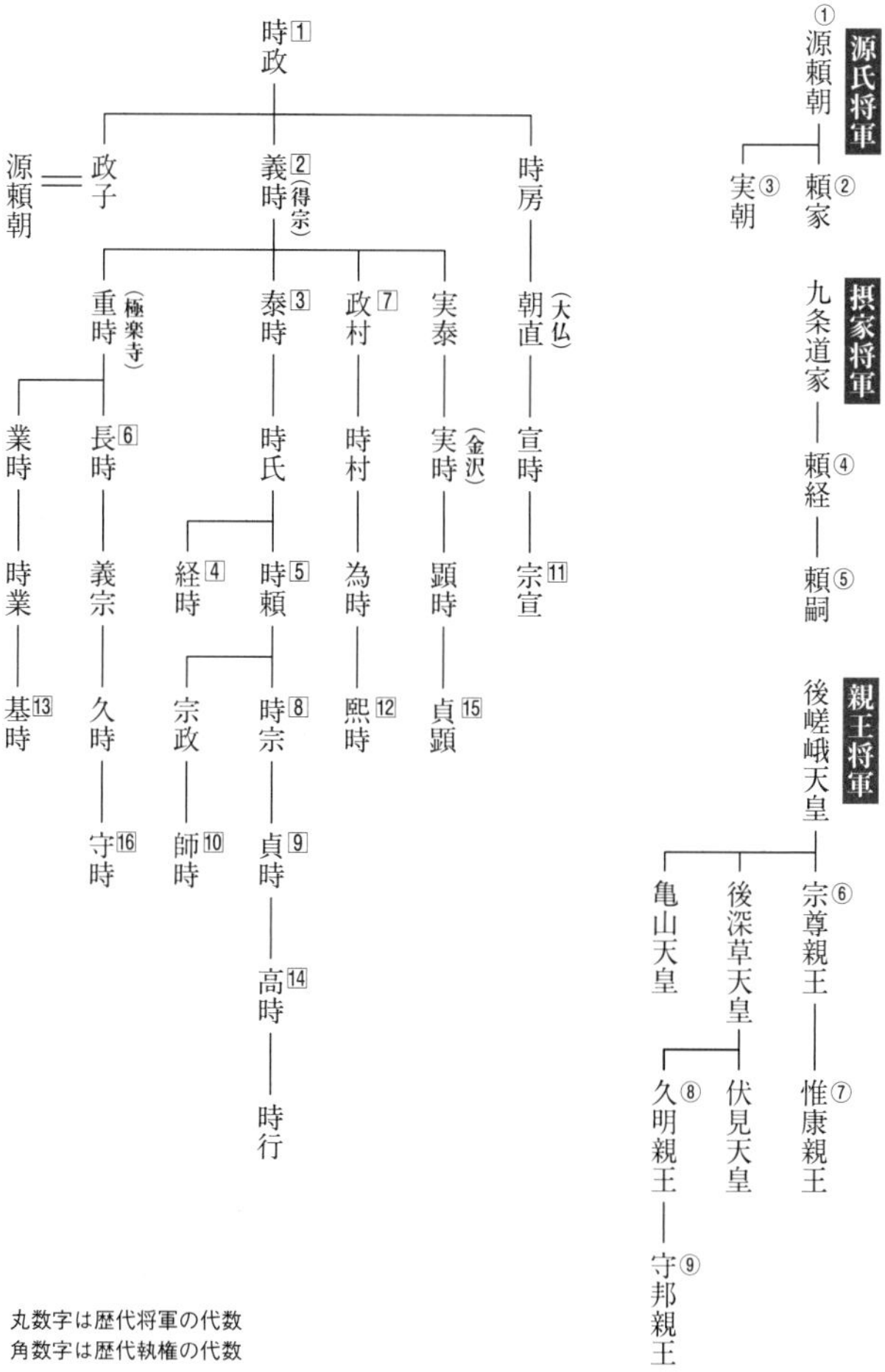

丸数字は歴代将軍の代数
角数字は歴代執権の代数

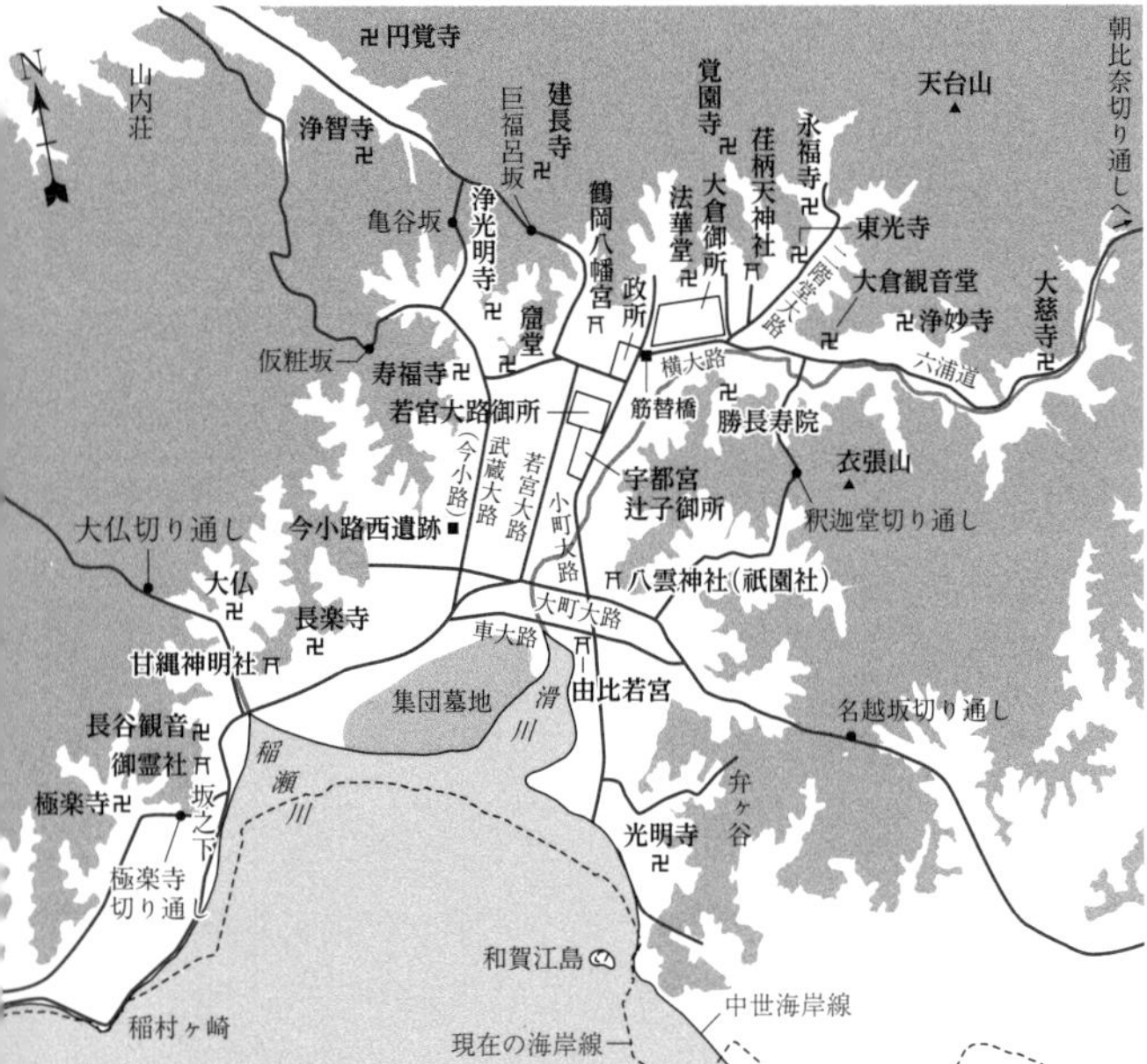

図版９　鎌倉時代の鎌倉　　　　　『岩波　日本史辞典』をもとに作成

そもそも「篝屋」の制度は、頼経が上洛した時に幕府が京都で始めた制度で、辻々に詰所を設置して御家人を常駐させ、夜は篝火をたいて警備させたものである。鎌倉でも少し遅れてこの制度が導入されるのであるが、興味深いのは、京都では武士が篝屋に詰めていたのに対して、鎌倉では保ごとの一般住民に交代で篝火をたいて警備するように命じていることである。理由はいくつか考えられるが、ひとつには、鎌倉は幕府が直接支配する都市であり、住民への指令が徹底されやすいのに対して、京都では住民の多くが朝廷や公家・寺社に支配されていて武士の指令に従わせるのが難しく、武士が直接警備にあたるほかなかったからであろう。もうひとつの理由は、鎌倉では武士たちの手が足りなかったからと思われる。御家人たちの中には地元に帰っている者も多く、交代で将軍御所の夜警にも行かねばならず、自分たちの宿舎の警備を家来たちに命じるぐらいが精一杯で、町内の警備までは手がまわらなかったのではなかろうか。

泰時は、さらに和賀江島という新たな港湾施設の建設や、巨福呂《こぶくろ》（小袋）坂《ざか》・六浦道《むつらみち》など鎌倉と外部を結ぶ道の整備などもおこない、都市鎌倉のモニュメントとも言うべき鎌倉大仏の造立にも着手している。

将軍御所の移転

泰時のおこなった都市整備の中でも、とくに大倉から若宮大路沿いへの御所の移転は、幕府の新体制スタートを強く印象づけるできごとであった。鎌倉幕府の中核となる将軍の御所は、滅亡までに、三度にわたって場所を変えている。よって、四つの将軍御所が存在したことになるが、時代順に整理してみると次のようになる。

大倉御所　一一八〇年～一二一九年
北条義時大倉亭御所　一二一九年～一二二五年
宇都（津）宮辻子御所　一二二五年～一二三六年
若宮大路御所　一二三六年～一三三三年

まず最初の大倉御所は、すでに述べたように、治承四年（一一八〇）に初代将軍・源頼朝が新造した御所で、二代頼家、三代実朝の御所として使用された。建久二年（一一九一）と建保元年（一二一三）に焼失するが、その都度、同じ場所に再建されている。

しかし、承久元年（一二一九）正月、実朝は公暁《くぎょう》によって暗殺され、同年十二月には源氏将軍ゆかりの大倉御所も焼失してしまった。これと前後して、同年七月には後継将軍として摂関家の九条頼経が京都から迎えられている。頼経は、北条義時大倉亭の敷地内の南側に新築された邸宅に入っている。この時、頼経はまだ幼少のために正式に将軍には任命されておらず、御所も仮のものという形であった。それでも、この御所で犬追物《いぬおうもの》などがおこなわれており、それなりの規模のものであったと推測される。

実は、肝心の北条義時大倉亭の場所については諸説があり、よくわかっていない。ただ、おそらくは大倉御所の近辺であったことは確かであろう。

やがて頼経も成長し、嘉禄《かろく》元年（一二二五）十二月、執権北条泰時の主導下、若宮大路近くに新築された宇都宮辻子御所に入居した。頼経は、この御所において元服《げんぷく》をおこない、正式に将軍に任命されたのである。宇都宮辻子御所の場所は、若宮大路の東側で、宇都宮辻子という東西道路（現在の二ノ鳥居付近）の北側に位置していた。現在は当時の姿を偲ぶことはほとんどできないが、わずかに御所内の社であったと伝える宇都宮稲荷が跡地に残されている。

さらに、嘉禎二年（一二三六）八月には、宇都宮辻子御所の北側の若宮大路御所に移動している。将軍頼経の大病の原因とみなされた土地の神の祟りを避けるため、御所の移転がおこなわれたのである。

以上のような御所の変遷の中でも、一二二五年の宇都宮辻子御所への移転は、もっとも大きな転機となった（図版10）。従来の大倉から若宮大路方面へと、大きく環境が変化したのである。当時、将軍予定者の頼経は北条氏の屋敷内の御所に仮住まいしていたのであるが、本格的な御所を以前の大倉御所の場所に再建するか、若宮大路方面に移転するかで、幕府内で議論となった。最終的には若宮大路と決定したのであるが、議論の中で、「大倉御所は頼朝の墓（法華堂）の下にあって、縁起が悪い」という意見が出されている。したがって、大倉からの移動は、源氏三代の御所とその背後の頼朝墓や御所南側の義朝を祀る勝長寿院があり源氏将軍の記憶につながるような場所を離れ、北条氏の邸宅に隣接する若宮大路沿いに御所を移すことで、北条氏中心の新しい体制をアピールしようとする北条泰時の意図が反映されたものと言える。また、若宮大路方面への移転は、鎌倉の海岸付近一帯の繁栄・都市化に対応するものでもあった。

宇都宮辻子御所への移転は、御家人をはじめとする御所周辺の住民にも大きな影響を与えた。もともと大倉御所周辺には御家人の屋敷が多く存在していたのであるが、御所の移転後は、若宮大路や宇都宮辻子方面に屋敷を移したり、新たに屋敷が建設されたりした。大倉御

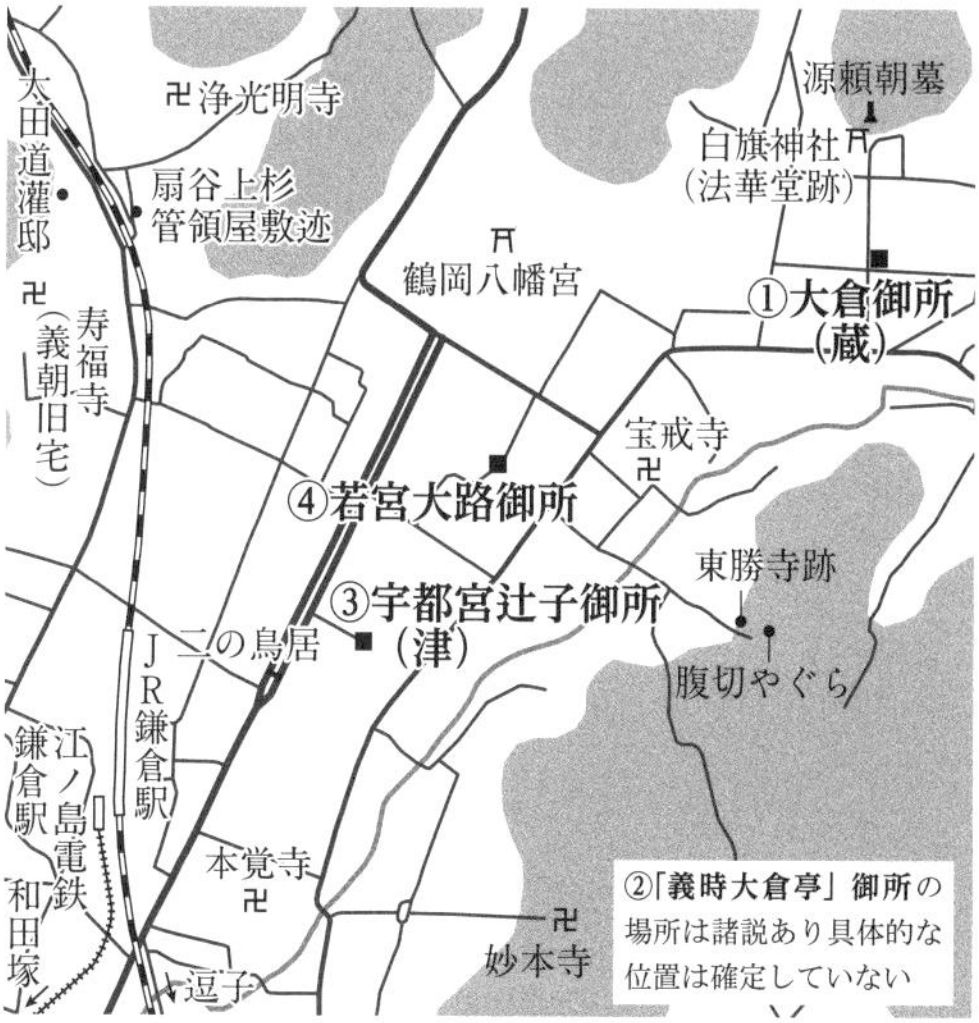

図版 10　御所変遷図　田中大喜編著『図説 鎌倉幕府』(戎光祥出版)をもとに作成

宇都宮辻子御所跡（宇都宮稲荷）［著者撮影］

所周辺の発掘調査の成果によっても、御所移転に近い時期にいくつかの変化が認められる。たとえば、御所の二五〇メートルほど東方にあたる市立第二小学校の敷地では、十二世紀末から十三世紀初頭にかけての御家人の屋敷と推定される遺構が発掘された。ここでは、十三世紀前半には堀が埋められて敷地が細分され、住人が御家人から庶民へ替わったと想像される。

将軍御所の移転は、都市鎌倉の基本軸を、亀谷〜鶴岡八幡宮〜大倉〜六浦という山側の東西ラインから、鶴岡八幡宮から浜へ至る若宮大路沿いの南北ラインへと変化させる、泰時の政策の象徴といえる。

海に開かれたまち

現在の鎌倉の海岸はなだらかな砂浜が広がり、大きな港も存在しないため、なかなか想像しにくいことであるが、中世には多くの船が着岸していた。鎌倉中期の紀行文『海道記《かいどうき》』には、「由比ヶ浜には数百艘の船が停泊して、大津の港のようだ」と記されている。「数百」と言う数字には誇張があるかもしれないが、かなりの数の船舶の存在がうかがわれる。

また、『吾妻鏡』弘長《こうちょう》三年（一二六三）八月十四日条に、大風のために由比ヶ浜に着岸していた船十艘が破損・水没したことが見えている。同月二十七日条には、大風によって由比ヶ浜の船舶が沈没したことに加えて、九州からの年貢を運ぶ船六十一艘が伊豆の海で漂流したことが記されているが、この船も鎌倉に入る予定であったと思われる。

そのほかにも、弘長元年（一二六一）に日蓮《にちれん》が流罪になった時に船出をしたのが、滑川旧河口に近い「沼浦」という小字の場所であるとの伝承が残されている。この故事に因んで建立された堂が、現在も材木座に存続する日蓮宗妙長寺《みょうちょうじ》の前身であるという。

中世鎌倉の海岸線は、現在よりも内陸側に位置していたと推定されており、とりわけ稲瀬川河口付近と滑川河口付近で大きく入り込んでいた。稲瀬川河口と滑川河口は、ともに港として利用されていた可能性が高い。

しかしながら、従来の鎌倉の港には機能的に問題が多かったとみられ、北条泰時の時代に新たな港として和賀江島（和賀江津ともいう）が建設される。和賀江島は、鎌倉の東南の「飯《いい》島《じま》」という小さな岬の沖に作られた人工の島で、真鶴《まなづる》や伊豆から運んだ石を積み上げて築いた防波堤と船着き場を兼ねたような施設であった。和賀江島は、貞永《じょうえい》元年（一二三二）に、往阿弥陀仏《おうあみだぶつ》という勧進聖《かんじんひじり》が、北条泰時の援助を得て工事をおこなっている。往阿弥陀仏という人物は、その名から推測して浄土系の僧侶と思われるが、以前にも筑前《ちくぜん》国鐘崎《かねざき》（福岡県宗像市《むなかた》）において、波よけの人工島の建造を成し遂げた実績があった。おそらく、北条泰時の都市整備政策の一環として港湾の整備が企画され、技術的な能力と労働力調達のためのコネクションを持っていた往阿弥陀仏が、担当者に抜擢されたのであろう。

鎌倉の港として、もう一つ忘れてはならないのが、六浦の港である。三浦半島の東側の付け根にあたる六浦荘は、かつては鎌倉と同じ相模国ではなく、武蔵国に属し、現在も横浜市金沢区に属している。しかし、天然の良港を備えた六浦は、鎌倉とは朝比奈峠を越える陸路で結ばれ、鎌倉の外港として重要な位置を占めていた。これもまた泰時の時に始められた、都市鎌倉の境界でおこなわれる「四角四境祭《しかくしきょうさい》」という陰陽道《おんみょうどう》の祭祀においては、六浦がその境界地点の一つとなっており、鎌倉の一部と認識されていたことがわかる。

六浦荘はもともと三浦氏の一族が影響力を持っていたが、宝治《ほうじ》元年（一二四七）の宝治合戦で三浦氏が北条時頼の軍に敗れて滅亡した後は、北条一族の実時《さねとき》がここに拠点を置く。実時は、六浦荘金沢に別邸や称名寺《しょうみょうじ》、金沢文庫《かねさわぶんこ》などを建て、その子孫は金沢《かねさわ》氏を称するようになったのである。六浦の港の維持・管理には、金沢氏や称名寺が深く関わっていたと考えられる。

これらの港を経由して、鎌倉には中国からの輸入品である「唐物《からもの》」をはじめとして、日本列島各地からさまざまな物資が大量に運び込まれてきた。たとえば、各地から年貢として納められた米や、奥州の砂金、渥美《あつみ》・常滑《とこなめ》・瀬戸など東海地方の陶器、南伊勢の土鍋、赤間《あかま》の硯《すずり》、肥前西彼杵《ひぜんにしそのぎ》の石鍋、奄美《あまみ》諸島の夜光貝などである。

現在も、和賀江島近くの海岸付近には「材木座《ざいもくざ》」の地名が残っており、和賀江島には都市の必需品と言うべき材木も、大量に荷揚げされていたと思われる。建長《けんちょう》五年（一二五三）には「和賀江津材木」の規格寸法を定める法令が、北条氏から出されている。よって、和賀江津（島）での商取引は北条氏（幕府）の管理下にあったことがわかるが、やがて北条時宗《ときむね》のころ、律宗の僧侶・忍性《にんしょう》が鎌倉で活躍するようになると、飯島・和賀江島の管理は、忍性が拠点とした極楽寺に一任されることとなった。

極楽寺は、和賀江島の運営に責任を持つかわりに、入港する船から関料（入港税）を徴集することを認められたのである。さらに、極楽寺は浜一帯における「殺生禁断」の励行《れいこう》を担当していたが、これは浜での殺生すなわち漁業活動の許認可権を掌握していたということであり、極楽寺配下の漁師以外は殺生（漁業）を禁止することを意味していたのである。これらの特権は、室町時代に入ってもあらためて極楽寺に認められている（『極楽律寺要文録』）。

ちなみに、極楽寺の境内の一部であった海岸沿いの山稜部に位置する仏法寺の跡地付近に立

極楽寺山門［著者撮影］

つと、眼下に鎌倉の海が広がり、真正面に和賀江島を一望することができる。極楽寺は、港の現地だけではなく、対岸の山上からも入港する船の動きなどを把握していたのかもしれない。

以上のように、鎌倉は複数の港を通して海の世界へと開かれており、さまざまな物資が水路・陸路のネットワークによって運び込まれていたのである。

道の整備

三方を山で囲まれた鎌倉の出入口として、鎌倉時代には山の尾根付近を掘削して勾配《こうばい》を緩やかにし、拡幅して通行しやすくした「切り通し」と呼ばれる坂道がいくつか設けられた。代表的な出入口（切り通し）は、京都七口にならって「鎌倉七口」と称されるようになるが、その初見は江戸時代初期の『玉舟《ぎょくしゅう》和尚《おしょう》鎌倉記《かまくらき》』で、次のように記されている。

七口切通
一ケワイ坂　藤沢口
一大仏坂　同
一亀ガ井坂　戸塚口
一小袋坂　雪ノ下口
一極楽寺坂　腰越口
一名越坂　三浦口
一峠坂　金沢口

同じく江戸時代の延宝《えんぽう》二年（一六七四）の徳川光圀《とくがわみつくに》著『鎌倉日記』では、「鎌倉七口トハ、名越《なごえ》切通　朝比奈《あさひな》切通　巨福呂坂　亀谷《かめがやつ》坂　仮粧《けわい》坂　大仏《だいぶつ》切通　極楽寺切通　是也」とされている。『玉舟和尚鎌倉記』の「峠坂　金沢口」は、『鎌倉日記』の「朝比奈切通」と同じであることは明らかであるから、江戸初期までには「七口」が確定していたと思われる。七口ということばそのものは、鎌倉時代には存在しなかったが、右にみた七つの切り通しが鎌

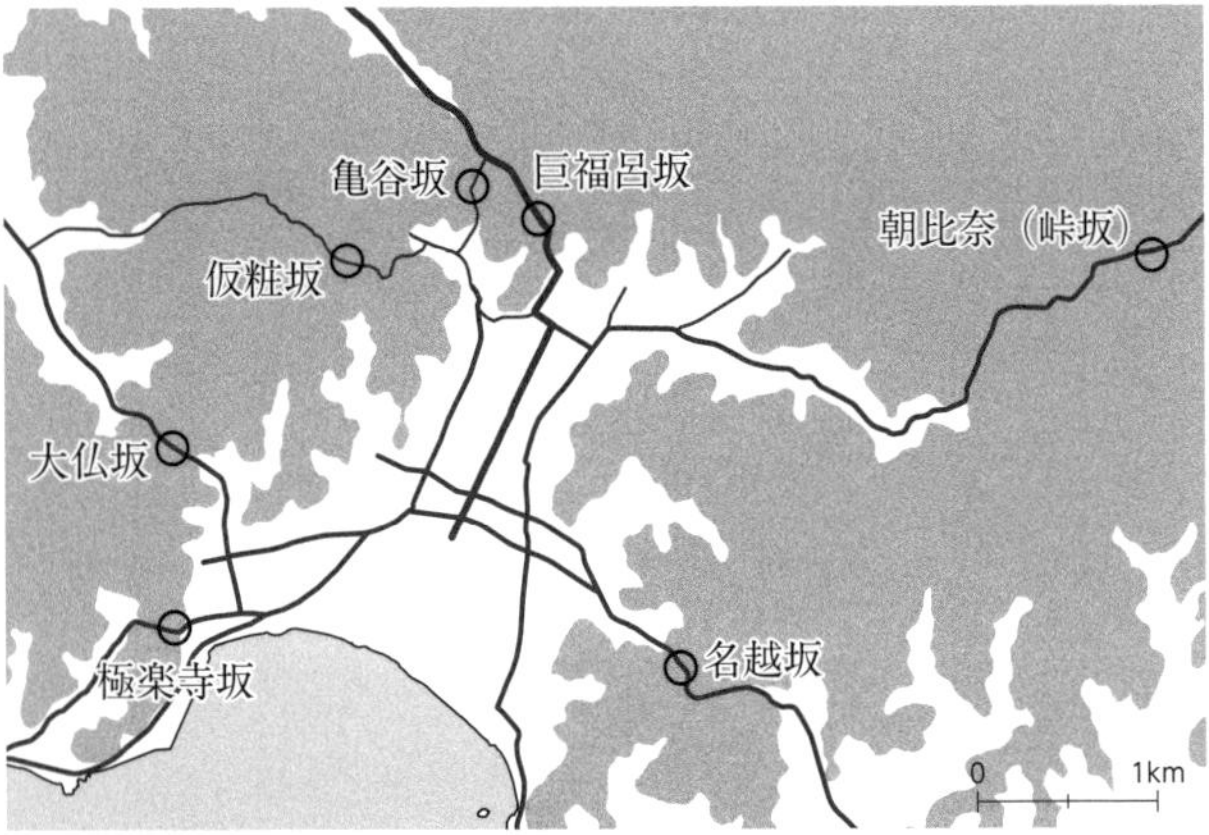

図版 11　鎌倉七口

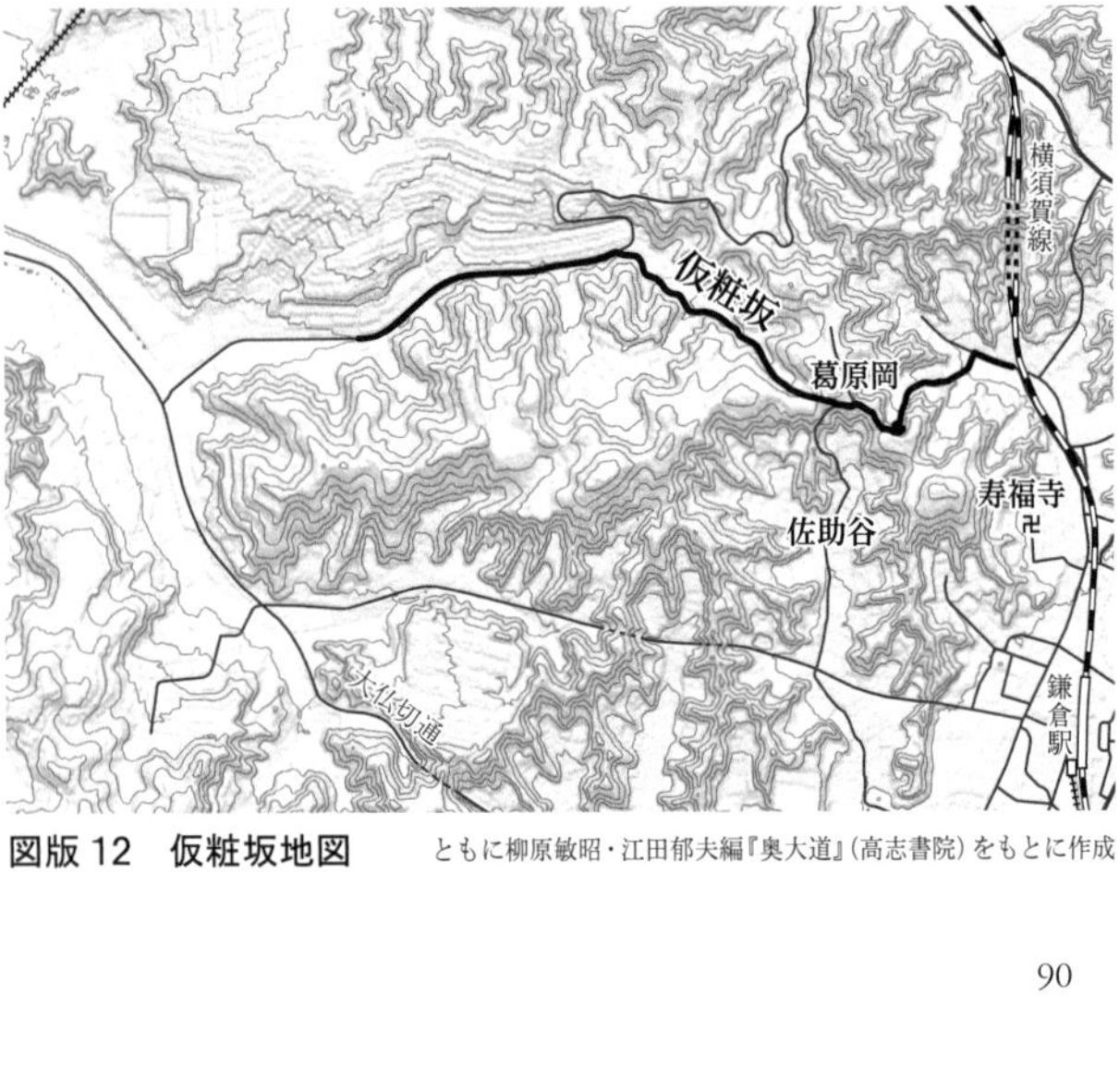

図版 12　仮粧坂地図　　ともに柳原敏昭・江田郁夫編『奥大道』（高志書院）をもとに作成

倉と外部を結ぶ主要な道であったことは確かである。切り通し周辺から内側の中心部が、鎌倉時代から漠然と「鎌倉中《かまくらちゅう》」と呼ばれ、とりわけ幕府の管理が強く及ぶ範囲であった。京都の「洛中《らくちゅう》」と似た概念であるが、鎌倉中には明確な境界線はなかった。

七口のうち、仮粧坂と朝比奈切り通しは、古代の山側東西道のルートの一部にあたり、名越坂は海側東西道（旧東海道）の一部であった（図版11）。したがって、この三つの山道は、鎌倉時代以前にすでに不十分ながらも存在したとみられるが、仮粧坂は相模中央部・武蔵・陸奥方面へ向かう鎌倉の正面玄関として、鎌倉幕府設置後の早い段階で切り通しとしての整備がなされていたと考えられる（図版12）。

その後、仁治《にんじ》元年（一二四〇）に、執権北条泰時の強力なリーダーシップのもとで六浦道（朝比奈切り通し）と巨福呂坂の整備がおこなわれた（『吾妻鏡』による）。名越坂と亀谷坂も、同じころに切り通しとして整備されたと考えられている。また、大仏坂の開削は寛元《かんげん》元年（一二四三）の木造大仏（この後、あらためて銅造の大仏が建立される）完成の前後と考えるのが自然であろうから、巨福呂坂と同様に北条泰時の時代に整備されたか、少し遅れて時頼の時代のごく初期であろう。

極楽寺坂だけはやや遅れて、建長四年（一二五二）以降の開削と見られる。極楽寺坂の開通以前には、相模中央部・江ノ島方面からは、古代の海側東西道のルート、すなわち稲村ケ崎《いなむらがさき》の海岸沿いの道か、極楽寺の北側の未整備の山道などが使われていたのではなかろうか。

時頼の都市政策

北条泰時が都市のインフラ整備を進めたのに対して、泰時の少し後、北条時頼の時代には、治安維持や町の隅々を清潔にして都市の秩序を保つような、鎌倉のハードというよりはソフト面の整備がおこなわれた。

まずは、治安維持について見ていくことにしよう。宝治元年（一二四七）、幕府は鎌倉中の保奉行人《ほぶぎようにん》に命じて、浮浪人をリストアップして追放させた。保奉行人とは、鎌倉中を区切る行政単位である「保」ごとに置かれた、管理担当の幕府役人である。建長二年（一二五〇）にも、保奉行人に浮浪人のリストを作成させ、地方に追放して農作業に従事させている。鎌倉に浮浪人が絶えず流入していたのは、当時の鎌倉では大量の労働力を必要としており、身一つでやってきた者も何とか食いつないでいけたからである。

寛元四年（一二四六）には、丹後《たんご》から年貢を鎌倉まで運んできた人夫が年貢ごと姿をくらまし、後に米町《こめまち》で発見されたあげく、将軍御所の台所に逃げ込むという珍事件があった。おそらく人夫は、年貢を米町で金に換え、当座の資金として鎌倉の雑踏に紛れて生活していこうとしていたのであろう。当時の鎌倉が、「不特定多数の人間が出入りして逃亡者・犯罪者も紛れ込みやすい」、という都市の特徴を備えていたことを示している。

生活に困窮した者が流入してくるいっぽうで、労働力の需要も大きかった鎌倉では、人身売買も横行していた。建長元年（一二四九）の幕府の判決状によると、肥後《ひご》の御家人相良頼《さがらより》重《しげ》は、訴訟の相手方から「下人二人を捕らえて、そのうちの一人を鎌倉で売買しようとした」と非難されている（『相良家文書』）。

幕府は、建長年間（一二四九〜五六）に、「人さらいや人商人（人身売買業者）は、律令の規定に従って処罰する。また、人商人が鎌倉中や諸国の市場に多くいるという。今後は鎌倉では保奉行人がリストを作成して追放し、諸国では守護が処罰をするように」という法令を出している。逆に言えば、鎌倉では、リストを作成しなければならないほどの数の「人商人」がいたのである。

鎌倉では盗みも多発していたようで、宝治二年（一二四八）には、将軍御所に盗人が入り、厨子などの重宝が盗まれ、警備に手抜かりがあったとして保奉行人が処罰されている。建長七年（一二五五）の法令では、「盗人が盗んだ物を売買すれば、たちまち盗みが発覚してしまうので、こっそり質に入れて金を借りることがある。たとえ持ち主が質物を見かけて盗まれた物と気づいても、質屋が『世間の通例』といって質入れした者の名や住所を教えないという。これはけしからぬ事なので、今後は質入れの時に、名前と住所を尋ねさせるように」と、保奉行人に命じている。この法令から、鎌倉には盗品を質に取って金を貸すような業者が存在していたということがわかる。

商業の統制

時頼政権は御家人の生活基盤を維持するために、過差《かさ》（ぜいたく）を禁止し、商業活動を抑制しようとしていた。しかし、そればかりではなく、幕府は鎌倉中の商人（商店）を把握して統制下に置こうとしていた。宝治二年（一二四八）、幕府は鎌倉中の商人の人数を定めている。実は、これより三十年以上も前の建保三年（一二一五）に鎌倉中の商人の数を定めているのであるが、おそらく有名無実化していたのである。

また、建長三年（一二五一）には、「鎌倉中のあちこちにある町屋《まちや》と売買の設《もうけ》は、七ヶ所の地域以外では一切禁止する。許可する場所は、大町・小町・米町・亀谷辻・和賀江・大倉辻・気和飛（化粧）坂上である」という幕府の法令が出されている。「町屋」とは道路沿いに建てられた常設の商業施設、「売買の設」とは仮設の店舗と考えられる。幕府が町屋公認の地区を七ヶ所に限定したのは、鎌倉で増加し続ける商人（商店）を掌握し、公認と引き替えに税を徴収しようとしたのであろう。

さらに、幕府の商業統制は、商売の中身にまで及んだ。建長四年（一二五二）九月、幕府は鎌倉中で酒を販売することを禁止するように保奉行人に命じている。鎌倉中の民家の酒壺《さかつぼ》の数を調べさせたところ、三万七二七四個であったという。翌月には、「酒壺はすべて破壊せよ。ただし一家に一つだけは残してもよいが、酒以外のものを入れて使うようにし、酒を造ってはいけない。違反者は処罰する」という、より徹底した命令が出されている。

ただし、幕府の年中行事や武家屋敷における飲酒そのものは禁止されていないので、想像をたくましくすると、幕府公認の特定の酒屋のみが営業を許され、販売独占の見返りとして幕府に税を納めていたのかもしれない。また、鎌倉での酒売り禁止は、先に見たぜいたく禁止政策にもつながる。

建長五年（一二五三）十月には、幕府は「近年、炭・薪《まき》・萱木《かやき》・藁《わら》・糠《ぬか》の値段が高いので、商人に値下げを命じる」として公定価格を定め、和賀江島で取り引きされる材木の寸法を八尺もしくは七尺に統一する、という法令を出している。価格統制については、対象地域は不明であるが、鎌倉が含まれていたことは確かと思われる。しかしながら、翌建長六年（一二五四）十月には、「先に定めた炭・薪などの価格は廃止するので、自由に商売するように」という幕府法令が出されており、幕府の物価統制は実際にはうまくいかなかったようである。建長五年、鶴岡八幡宮の西門脇に「夷三郎明神《えびすさぶろうみょうじん》」が勧請され、神楽《かぐら》の奉納があった。同日、「大黒天社」も勧請されている（『鶴岡八幡宮寺社務職次第』）。時頼が創建した聖福寺《しょうふくじ》にも、夷（恵比寿）社が勧請されていた。鎌倉での活発な経済活動を背景に、富を求めて多くの人々が恵比寿・大黒などの福神を信仰するようになっていたことがわかる。現在も福神として信仰を集めている佐助《さすけ》の銭洗宇賀福《ぜにあらいうがふく》神社（銭洗弁財天）には、時頼が参詣して湧き水で銭を洗い、世の人々の息災や子孫の繁栄を祈ったという伝承がある。

銭洗弁財天の現況［著者撮影］

時頼のころの鎌倉では、商品や銭の盛んな流通が見られ、幕府もそれを把握しようと努めていたことがうかがわれる。

新たな体制と鎌倉大仏

泰時政権ほどではないが、時頼政権のもとでも都市鎌倉のインフラ整備はおこなわれていた。たとえば、建長二年（一二五〇）には、鎌倉から山ノ内および六浦へ抜ける道（いわゆる「切り通し」）が土石で埋まって通行しにくくなっているため、それぞれを補修させることを決めている（『吾妻鏡』）。

山ノ内は、鎌倉の西北の外側に位置し、山内荘という得宗《とくそう》領の荘園であった。山ノ内にはすでに義時・泰時の別荘が置かれていたが、時頼が建長寺や、最明寺《さいみようじ》という持仏堂をともなう別荘を構え、その周辺には北条一族の別荘や北条氏家臣の邸宅群などが設置されるようになり、急速に発展していた。都市鎌倉の膨張、というべき現象であった。山ノ内と鎌倉を結ぶ道路の改修がおこなわれたのは、両者が密接なつながりを持っており、山ノ内地区の整備に時頼が力を入れていたからと思われる。

建長四年（一二五二）、将軍九条頼嗣《よりつぐ》（頼経の子）が追放され、京都から新たに後嵯峨《ごさが》天皇の子・宗尊《むねたか》親王が将軍として迎えられた。源氏将軍三代、摂家将軍二代を経て、ついには皇族へと将軍の血統が変わり、幕府滅亡まで親王将軍が四代続くことになる。宗尊親王は若宮大路御所に入るが、その建物は頼嗣の使用したものを破壊して、同じ場所に新築したものであった。また、時頼政権以降は、親王将軍をトップに戴きつつも、北条氏本家の嫡子（得宗）が執権の地位とは関係なく幕府の実権を握るという体制、いわゆる「得宗専制」へと移行する。得宗の拠点・山ノ内への道路の整備は、新たな政治体制への移行を象徴するものでもあったといえる。

さらに時頼は、建長六年（一二五四）に、鎌倉の西の外側の稲村ケ崎付近に、聖福寺を建立している。同じく時頼の時代に鋳造《ちゅうぞう》が開始された鎌倉大仏も、鎌倉の西の深沢郷長谷の地に位置しており、この時代には鎌倉の西側に大きく比重が移動する傾向がみられたのである。

鎌倉西部のランドマークとなった大仏は、現在も鶴岡八幡宮と並び鎌倉を代表する観光地となっている。ところが、鎌倉大仏は非常に謎の多い仏さまでもある。実は、最初の大仏は現在の銅造とは違う木造の大仏で、嘉禎四年（一二三八）に工事が始められ、寛元元年（一二四三）に完成している（『吾妻鏡』）。木造大仏も銅造と同じ阿弥陀如来像であったとみられ、北条泰時の発案により建立された。しかしながら、この木造大仏はなぜかわからないが銅造に造り替えられることになり、『吾妻鏡』によれば建長四年（一二五二）に鋳造を開始している。時代は、時頼政権期に移っている。ただし、現在の大仏は阿弥陀如来像であるが、『吾妻鏡』の記事には「釈迦如来」とされている。この齟齬《そご》をどう解釈するかについては諸説あるが、建長四年に鋳造開始した大仏こそが現存の大仏そのものである、という点では意見がほぼ一致している。

大仏は、浄光《じょうこう》という念仏聖の勧進活動を幕府が支援し、西大寺系の律宗も関与して建立されたが、正確な完成時期は不明で、文応元年（一二六〇）から文永元年（一二六四）の間とみられている。また、当初は大仏を覆う大仏殿が存在したはずであるが、その完成時期もまったく不明である。大仏殿は南北朝時代までは存続し、応安《おうあん》二年（一三六九）に大風で倒壊した後は再建されなかったとみられる。発掘調査の結果、大仏の周囲で大仏殿の礎石の痕跡が発見されており、大仏殿の存在自体は確かなのであるが。

大仏建立には幕府が関与しており、とりわけ泰時・時頼ら北条氏の意思が反映していたと思われる。おそらくは、国家鎮護の仏として建立された奈良東大寺の大仏を意識し、当時支配者層に広まっていた浄土信仰を背景に、東国守護のシンボルとして建立を企てたものであろう。あるいは、北条氏（得宗）は、かつて東大寺大仏の再建を主導した源頼朝の偉業を超えて、鎌倉の地に東大寺大仏の毘盧遮那仏《びるしゃなぶつ》とは異なる阿弥陀如来の形で、新たな大仏を建立することにより、「東国社会のリーダーとしての得宗」という新たな体制をアピールしようとしたのかもしれない。

谷の開発

鎌倉のあちこちで武家屋敷の新築や道路・港湾の整備が進み、商工業者などの庶民の居住や、武士の信仰のよりどころとなる寺社の建設も増加することになった。もともと鎌倉の中心の平地部分は非常に狭いが、考古学の成果から試算した結果では、鎌倉時代末期（十四世紀前半）には六万人から十万人の人口があったとされている。ちなみに、現在の鎌倉市の中心部の人口は約七万人という。鎌倉時代の鎌倉がかなりの過密都市であったことがわかるが、平地が少ない状況下でさまざまな建物の敷地を確保しようとすれば、平地と山の境にあたる谷の部分の開発が不可欠となる。

主に武士の主導により谷の開発が進むのが、ちょうど北条時頼の時代にあたる十三世紀中ごろのことだった。具体的には、谷の背後の山を削り、その土砂を谷内部の傾斜面に積み上げて、平面を拡張したのである。この造成によって、階段状の平場がいくつかでき、複数の建物建設が可能になった。余った残土は、中心部の平地での屋敷敷地の整備（嵩上げ・埋め立て）や、道路の突き固め・舗装などに利用されたのである。

室町時代の御伽草子《おとぎぞうし》『浜出草紙《はまいでそうし》』には、「そも鎌倉と申すは、昔は一足踏めば、三町ゆるぐ大分の沼にて候ひしを、和田、畠山、惣奉行を給はり、石切、鶴の嘴《くちばし》をもって、高き所を切り平らげ、大分の沼を埋め給ふ」とある。文学表現ではあるが、鎌倉時代に御家人たちの主導で谷が開発されていった様子をよくあらわしている。

中世以来、実際に都市鎌倉に暮らす人々にとっては、山に囲まれて入り組んだ傾斜地を形成する「谷」が、生活の舞台として身近なものであった。鎌倉では、谷を「ヤツ」もしくは「ヤト」と呼んでいる。この読みは中世以来のものであり、鎌倉時代の辞書『名語記《みょうごき》』に、「鎌倉に、いりいりをやつとなづく。さて、谷の字をやつとよめる心。如何」と見えている。ちなみに、「いり」とは、奥に引っ込んだところを言う。

また、鎌倉時代の阿仏尼《あぶつに》の紀行文『十六夜《いざよい》日記』にも、「郭公（ほととぎす）のはつね（初音）ほのかにもおもひ絶えたり。人づてにきけば、『ひきのやつ（比企の谷）といふ所に、あまた聲鳴きけるを、人聞きたり』などいふをきゝて、『しのびねは　ひきのやつなる　ほとゝぎす　雲ゐに高く　いつかなのらむ』」などと記され、「やつ」という読みが鎌倉時代まで遡ることがわかる。

谷の世界

「谷」は、鎌倉における一種の地域単位として重要な意味を持っていた。鎌倉後期に鎌倉を訪れた後深草院《ごふかくさいん》二条という女性の著した『とはずがたり』にみえる、「階などのやうに重々に、袋の中に物を入れたるやうに住まひたる」という著名な叙述は、谷に密集して暮らす鎌倉びとのイメージをよく表現している。そして、室町時代以降は、多数の谷が大きな要素であった都市鎌倉全体を、「谷七郷《やつしちごう》」ということばであらわすようになった。

室町時代の御伽草子『唐糸草子《からいとぞうし》』の中に、主人公唐糸の娘・万寿《まんじゅ》が頼朝の前で今様を歌う場面があるが、その詞に、

鎌倉は谷七郷と承る、春はまづ咲く梅が谷、扇の谷にすむ人の、心は涼しかるらん、秋は露おく佐々目が谷、泉ふるかや雪の下、万年かはらぬ亀がへの谷……

という、大変印象的な一節がある。鎌倉が「谷の都市」であることを、具体的な谷の名前

を四季の風流に掛けて巧みに表現している。

それでは、大小の谷と浜からなる中世都市鎌倉を、人々はどのように活用し、住みこなしていたのであろうか。まず、鎌倉全体のおおまかな構造を整理しておく。平地部分の最奥・北の丘陵には鶴岡八幡宮が造営され、浜へ向かって参詣道である若宮大路という直線道路が建設された。この若宮大路が鎌倉の中心線となっており、大路の両側から谷の入り口にかけて、商工業者の住む町と、将軍の御所・有力武士の武家屋敷などが設けられた。周囲の谷や山際には寺社や武家の屋敷や別荘が置かれ、浜には、町屋や倉庫群、墓地などが設けられた。

次に、谷の内部を詳しくみてみよう。本来の自然の谷は奥に入るにしたがって傾斜がきつく狭くなっていたが、先にみたような谷の開発により、居住空間が拡張されていた。谷の入り口や、谷を通る道沿いには町が成立し、谷の奥に向かって、武家屋敷や寺社が展開していた。寺社・武家屋敷は、威儀を正し、精神の平穏が求められる場であり、静寂な谷の奥に向かって展開することはごく自然の成り行きであった。さらに奥には、もっとも静寂が求められる場所である墓所・やぐらが造営されたのである。「やぐら」とは、鎌倉とその周辺によく見られる岩窟式の墓所であり、中世から存在したとみられる。

中世の谷の風景は、建武《けんむ》年間（一三三四〜三六）に作成され鎌倉最末期の様子をあらわし

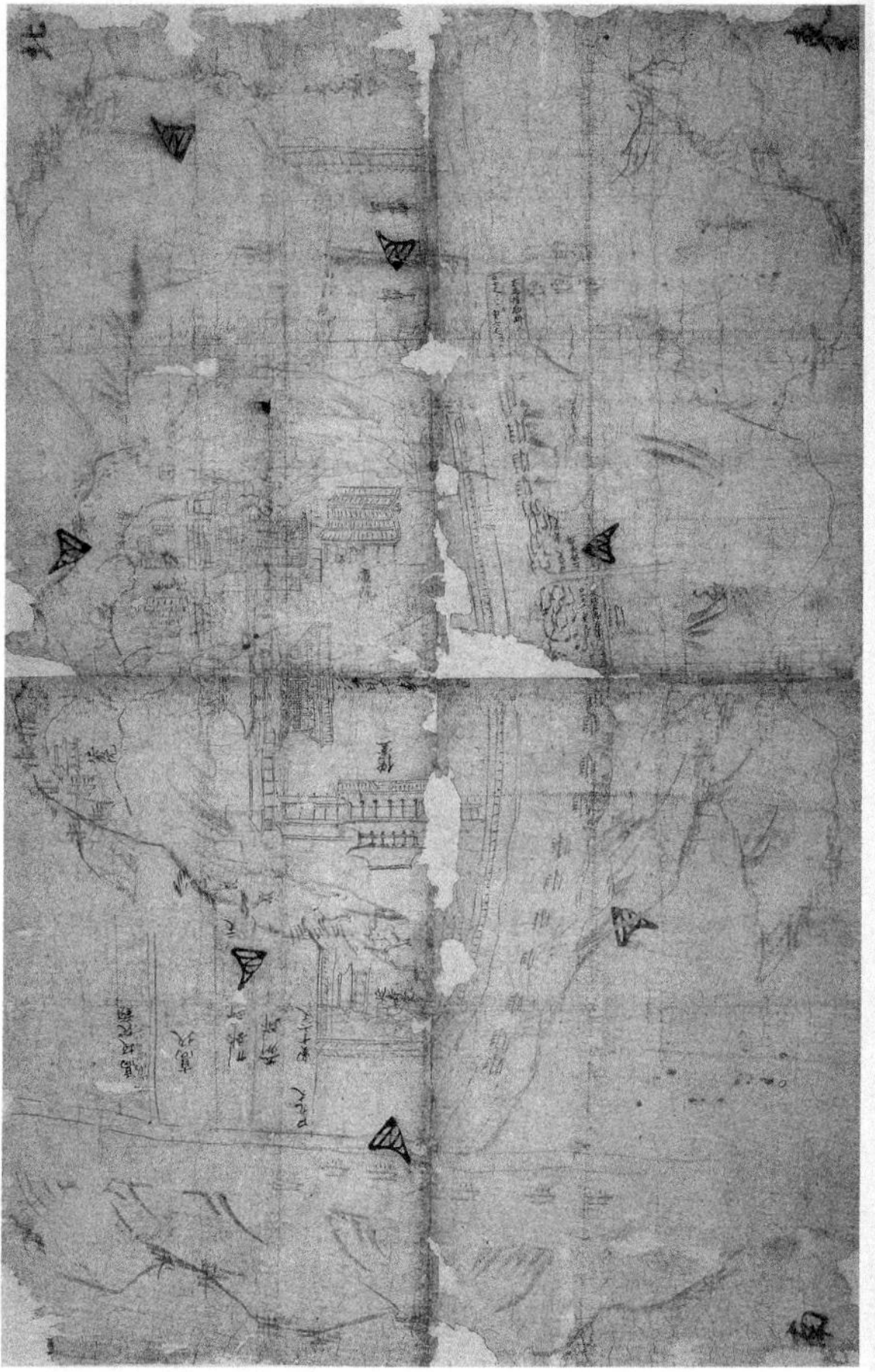

浄光明寺敷地絵図［浄光明寺蔵］

ている『円覚寺境内絵図《えんがくじ》』（円覚寺蔵）や、『浄光明寺敷地絵図《じょうこうみょうじ》』（浄光明寺蔵）に詳しくみることができる。谷の入り口部分を横切るように道が通り、道沿いに小さな町屋が描きこまれている。そして、谷の奥に向かって、寺の門・堂舎・塔頭《たっちゅう》が配置されていることがわかる。現在でも、右の二つの寺院をはじめ、多くの寺社などで、谷の奥へ向かって階段状に建物が展開していく様子が残されている。また、住宅地に変貌した多くの谷でも、その光景は基本的に変わることはない。

禅のまち、異国情緒のまち

北条時頼は建長五年（一二五三）に、中国（宋）から渡ってきた蘭渓道隆《らんけいどうりゅう》を開山に招いて建長寺《けんちょうじ》を創建している。建長寺は、日本初の本格的な禅宗寺院であった。同じころ、浄妙寺《じょうみょうじ》も禅宗寺院として再興されたとみられている。時頼の子・時宗もまた禅宗を深く信仰し、中国の禅僧・無学祖元《むがくそげん》を開山として山ノ内に円覚寺を建立したことはよく知られているところである（**図版13**）。時宗の時代には浄智寺《じょうちじ》も創建され、のちに鎌倉五山となる有力な禅寺がすべて出揃ったことになる。続く北条貞時《さだとき》もまた、東慶寺《とうけいじ》を創建したり、五山の制度を導入したり、禅宗の興隆に積極的に関与した。最後の得宗となった高時《たかとき》も同様で、禅寺・東《とう》

図版13　円覚寺境内絵図トレース図

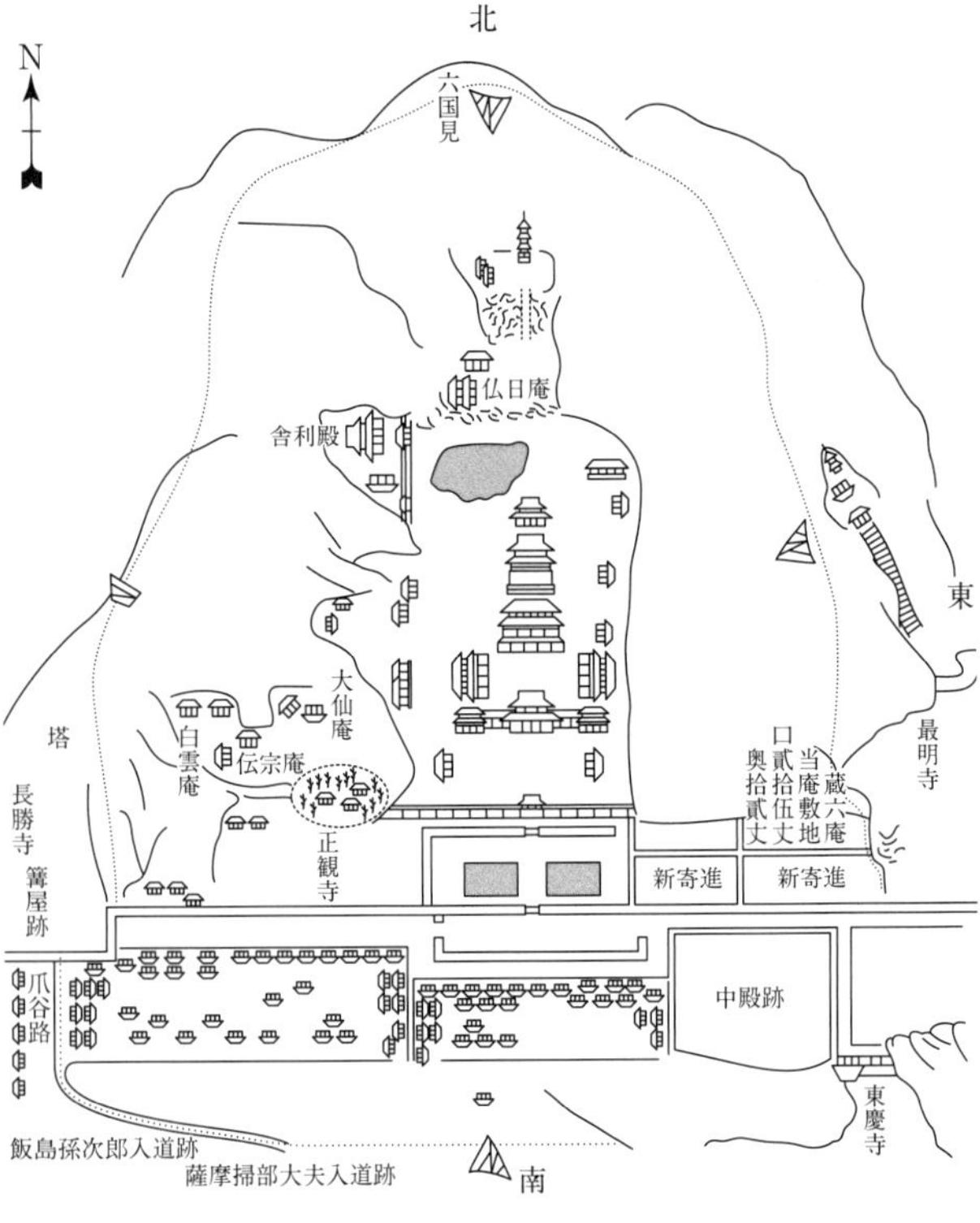

勝寺《しょうじ》で最期の時を迎えるのであった。

このようにして鎌倉後期には、続々と禅宗寺院が建立されることになった。禅宗寺院では、人の目をひく塔や、花灯窓《かとうまど》を持つ堂舎を回廊で連結した中国風の伽藍、屋根付きの風流な橋などが備えられた。また、床を張らず石を敷いた土間建築や、垂木《たるき》を放射状に配置する扇垂木などの特徴を備えた、いわゆる禅宗建築は、中国南宋の建築様式を取り入れたものであった。中国から多くの禅僧が渡来し、日本の禅僧も中国へ留学したり、中国語の学習に励んだため、鎌倉の禅宗寺院では日本語に交じって中国語がしばしば耳にされた。このように、中世の都市鎌倉のあちこちで、禅宗寺院が周囲に目新しい景観を提供し、異国情緒を醸し出していたのである。

ところで、現在の鎌倉には、近世以前に建てられた寺社の塔は一基も残されていない。しかし、中世には、多くの寺社に塔が存在していた。とりわけ、鎌倉の中心に位置した鶴岡八幡宮の五重塔は、都市のシンボルとなるはずのものであった。ところが、この塔は、文治五年（一一八九）に建立されたものの、わずか二年後に焼亡してしまう。ほかにも将軍の御願《ごがん》寺《じ》である勝長寿院・永福寺・大慈寺に塔が建てられていたことが知られるが、これらに加えて、中世鎌倉では、禅宗および禅宗と似た性格を持つ律宗の寺院において、塔の建立が盛んであったことは興味深い。その理由は、鎌倉の寺院の中でも禅と律が、塔の建立を可能とするような裕福で強力なパトロンを獲得することができたからであった。具体的には、鎌倉幕府（北条氏）や、のちの時代の鎌倉府などが、禅と律の後援者となっていた。

中世ヨーロッパの都市では、教会・修道院・貴族の邸宅などに付属する塔が数多く建てられていた。現在も、イタリア・トスカーナ州のサンジミニャーノに代表されるように、中世の塔が並び立つ景観が残されている都市は多い。鎌倉が大きな影響を受けた中国の中世都市においても、複数の塔がランドマークとなっていた。同様に、かつての鎌倉には塔が並び立つ風景が存在していたのである。

いっぽう、禅宗を篤く信仰した時頼以降の北条氏のもとで、鎌倉の人々は、中国（宋）を中心とした海外からの物や人・知識の流入にも関心を持つようになっていた。宋から来日した朗元房という医師は、蘭渓道隆のもとで得度し、時頼に見いだされて時宗のかかりつけの医師となり、三十余年も鎌倉にいたという。

モンゴル襲来を経たのち日本と元の交流は活発化し、鎌倉後期には、「唐物」と呼ばれた中国（元）からの輸入品が大量に鎌倉へ入ってくるようになっていた。北条一族の金沢貞顕《かねさわさだあき》は、「鎌倉中にお茶をはじめとする唐物があふれている」と手紙に記している。

ところで、鎌倉後期（十三世紀後半）の有力な武士の屋敷の跡が、現在の市役所の南に位置する御成小学校の敷地（今小路西遺跡と呼ばれる遺跡群のうちの一つ）から発見されている。ここでは、南北の二軒の大規模な武家屋敷の跡が出土したが、広い庭を構え、見事な唐物の器を備えた接客施設を設けていたことがわかった。鎌倉後期の都市鎌倉では、さかんな物流を背景に、上級武士などの間では高度に発展した社交関係が結ばれていた。

鎌倉幕府滅亡

北条氏のもと、武家の都として繁栄した鎌倉であったが、後醍醐《ごだいご》天皇の挙兵をきっかけに各地で幕府への反乱が強まる中、元弘《げんこう》三年（一三三三）に新田義貞《にったよしさだ》や新田軍に合流した足利《あしかが》義詮《よしあきら》らが率いる倒幕軍の攻撃を受ける。倒幕軍は、正面の仮粧坂に軍の主力を進めるほか、巨福呂坂と極楽寺坂にも兵を差し向け、三方から大軍で鎌倉を攻撃した。倒幕軍が朝比奈坂や名越坂など、鎌倉の東からのルートで攻撃をしかけなかったのは、東が相対的に山が深く、入り口にあたる金沢や三浦半島方面が北条氏の拠点であったからである。加えて、東側のルートは基本的に海路から三浦半島を経て鎌倉へ入るのに適したルートであり、武蔵から陸路を南下してきた倒幕軍は西側から進むのが最短であった。また、大軍を一気に進めるには、正面玄関としてもっとも整備された仮粧坂から突入するのが効果的と考えたのであろう。

同年五月二十二日、倒幕軍は各方面で幕府軍を打ち破って鎌倉内に攻め込んだ。得宗の北条高時は邸宅の小町亭（現在の宝戒寺《ほうかいじ》の場所）近くに火が迫ったため、滑川を挟んで東隣にある葛西谷《かさいがやつ》の東勝寺（北条泰時開基と伝えられる禅寺）に移り、守りを固めたが、ついに力尽きて一族郎党ともども自害した。ここに、鎌倉幕府は滅亡したのである。東勝寺はもともと得宗家と関係が深く、かなりの規模の寺院であったが、幕府滅亡後も存続している。しかし、戦国時代には廃れ、現在は高時以下が自害した場所と伝えられる「腹切やぐら」が残されているのみである。腹切やぐらの南方からは、発掘調査により火災にあった掘立柱建物の跡が発見されており、元弘三年の鎌倉攻めの際の火災による可能性も指摘されているが、定かではない。高時の小町亭の跡には、後醍醐天皇の命令により、宝戒寺が建立されて現在に至っている。宝戒寺の境内には、高時の霊を祀った「徳崇（得宗）大権現」も存在している。

『太平記』の鎌倉攻めの記述には、「浜面ノ在家并稲瀬河ノ東西ニ火ヲ懸タレバ、折節浜風烈吹布テ、車輪ノ如クナル炎、黒煙ノ中ニ飛散テ、十町二十町ガ外ニ燃付事、同時ニ二十余箇所也」とあって、鎌倉中が火に包まれたかの印象を受ける。しかしながら、発掘調査の結果からは、市街中心部からはこの時期の火災の跡を示す土層は見つかっておらず、むしろ元弘三年の前後では遺構の変化は認められないという。実際の火災の規模は、限定的なものだった。

いっぽう、最後の将軍守邦《もりくに》親王については、幕府滅亡の際の行動は何も伝わっていない。ただ、将軍職を辞して出家したということのみが知られ、幕府滅亡の三ヶ月後に三十三歳で死去したと伝えられる。『太平記』でも、高時のことを「鎌倉殿」と呼んでおり、かつての

東勝寺腹切やぐら［著者撮影］

徳崇大権現［著者撮影］

将軍の通称は、北条氏得宗に取って代わられていた。鎌倉後期の鎌倉の主は、北条氏と思われていたのである。このように述べると、将軍はまるで存在感がなかったかのようであるが、最新の研究によると、守邦親王の御所は鎌倉における喫茶文化の中心となっていたという。鎌倉末期の将軍は政治的には全く無力であっても、文化活動の中心として機能していたのであろう。

ちなみに、九条頼経以降の将軍は原則として若宮大路御所を本宅としていたが、正和《しょうわ》四年（一三一五）に若宮大路御所が焼失したため、守邦親王は北条基時《もととき》の亀谷の邸宅（桧御所と呼ばれた）で十五年間を過ごしている。しかも、再建された若宮大路御所は元徳《げんとく》二年（一三三〇）にまたもや火災に遭い、守邦親王は北条守時《もりとき》邸に移った。その後、御所再建についての史料が見当たらないため、幕府滅亡時も将軍は北条守時邸にいた可能性が高い。

幕府の後継・鎌倉府

鎌倉幕府滅亡後の鎌倉では、しばらくの間は支配者がバタバタと入れ替わる状況となる。元弘三年（一三三三）五月、鎌倉を占領した新田義貞は勝長寿院に、足利義詮は二階堂の永福寺別当の屋敷に拠点を置いた。新田・足利の間で主導権争いが起こるが、八月に義貞が上洛したため、鎌倉は足利の治めるところとなった。同年十二月、後醍醐天皇の建武政権の政策として、足利直義《ただよし》が天皇の子・成良《なりよし》親王を奉じて鎌倉へ下向し、関東の統治にあたることになった。直義や成良がどこに入ったかは不明であるが、やはり二階堂付近ではないかと思われる（義詮も引き続き鎌倉にいた）。

ところが、建武二年（一三三五）には北条高時の遺児・時行《ときゆき》による反乱（中先代《なかせんだい》の乱）が起き、直義は成良親王と義詮を伴って鎌倉を脱出、代わって北条時行が鎌倉に入った。これを知った京都の足利尊氏《たかうじ》は、後醍醐天皇に無断で出撃し、直義と合流したのち、あっという間に鎌倉を奪回した。尊氏と直義は二階堂に入るが、これは先に義詮が住んでいた永福寺別当の屋敷、もしくはその周辺と考えられる。その後、尊氏は後醍醐天皇の帰京命令を無視し、若宮大路に屋敷を新設して移り、鎌倉に居座った。この屋敷造営について『梅松論《ばいしょうろん》』には、「御上洛をとゝめられて、若宮小路の代々将軍家の旧跡に、御所を造られしかは、師直以下の諸大名、屋形軒をならへける程に、鎌倉の体を誠に目出度そ覚へし」と記している。すなわち、尊氏は、鎌倉幕府の若宮大路御所の跡地に屋敷を新造し、高師直《こうのもろなお》以下の家臣たちもその周囲に宿所を構えたのである。尊氏は、将軍御所の跡に館を構えることによって、みずからを鎌倉幕府の正統な後継者としてアピールしたとも言える。

後醍醐天皇は尊氏追討の軍を送るが、尊氏はこれを箱根で破って西へ進み、一時劣勢になるものの、建武三年（一三三六）には京都に入り室町幕府を開いている。この間、鎌倉には義詮が残っていた。貞和《じようわ》五年（一三四九）になると、義詮は上洛して失脚した直義に代わって幕府の政務を担当するようになる。鎌倉へは、義詮の弟・基氏《もとうじ》が下向し、鎌倉公方《くぼう》（関東公方）として東国十ヶ国を支配することになった。鎌倉公方を関東管領《かんとうかんれい》が補佐し、評定衆・引付衆《ひきつけしゆう》などの制度を備えた室町幕府の東国支配機関、すなわち「鎌倉府」の成立である。以後、基氏の子孫が代々の鎌倉公方の地位についている（**図版14**）。

鎌倉公方の御所は、初代基氏の時には亀谷に置かれるが、二代氏満《うじみつ》以降は浄妙寺の東隣に置かれ、同時代の記録では「大蔵谷御所《おおくらがやつ》」と呼ばれている（『大乗院日記目録』永享《えいきよう》十一年〈一四三九〉二月十五日条）。浄妙寺のあたりは、鎌倉幕府の大倉御所からはかなり離れており、現在の感覚では「大蔵」と呼ぶにはやや違和感もある。しかし、もともと大蔵（大倉）という地名は、「大倉幕府跡を中心として東は十二所、西は鶴岡八幡宮、南は滑川、北は瑞泉寺・覚園寺辺りを含めた広範囲に及ぶ地域の総称」（『神奈川県の地名』）で、浄妙寺に隣接する御所も大倉の範囲に含まれる。したがって、「大蔵谷御所」という名称もとりわけ不自然なものではない。

図版 14　足利氏略系図

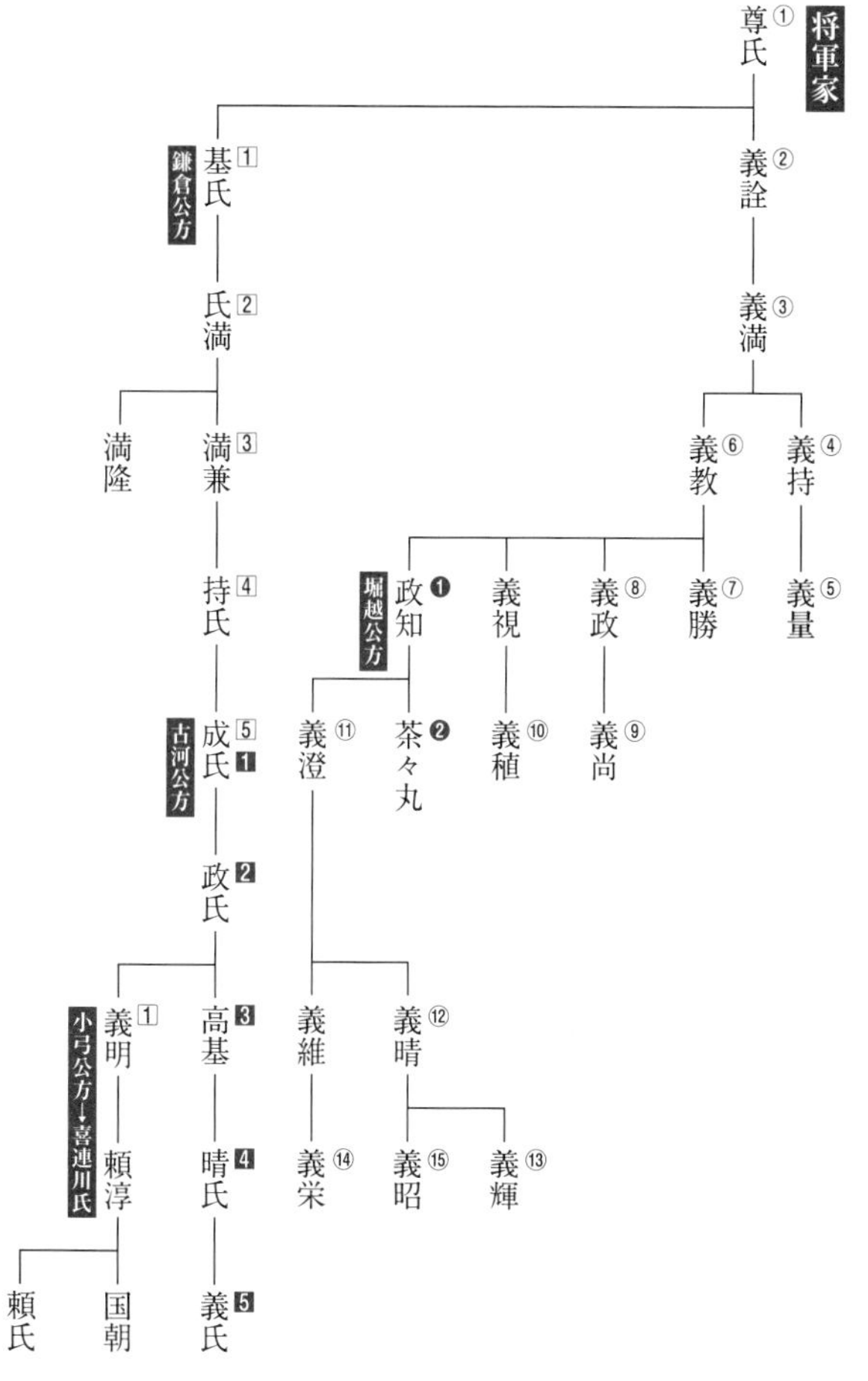
将軍家
尊氏①
義詮②
義満③
義持④
義量⑤
義教⑥
義勝⑦
義政⑧
義尚⑨
義視
義稙⑩
堀越公方
政知❶
茶々丸❷
義澄⑪
義晴⑫
義輝⑬
義維
義栄⑭
義昭⑮
鎌倉公方
基氏[1]
氏満[2]
満隆
満兼[3]
持氏[4]
古河公方
成氏[5]■1
政氏■2
高基■3
晴氏■4
義氏■5
小弓公方→喜連川氏
義明[1]
頼淳
頼氏
国朝
数字はそれぞれの就任の代数を示す

浄妙寺東の御所は、鎌倉時代からの足利氏の屋敷を引き継ぐものとされる。しかしながら、鎌倉時代に足利氏嫡流《ちゃくりゅう》の屋敷は、若宮馬場本（鶴岡八幡宮近辺か）と亀谷とにあった。初代基氏が入った亀谷の地は、おそらく足利嫡流の屋敷跡であったろう。いっぽう大倉に関しては、庶流の吉良《きら》氏の屋敷が「大蔵稲荷下」にあったことは史料で確かめられるが、本家の屋敷があったかどうかは定かではない。尊氏挙兵の直後に義詮が「大蔵谷」から脱出して新田軍に合流した、という『太平記』の記述もあるが、それが屋敷の存在を証明しているとも言い切れない。いずれにせよ、足利氏と関連のあるいくつかの地の中で、あえて浄妙寺の東を選んだのは、存在感が増していた六浦の港へのルート上にあることが決め手となったと思われる。

商工業の繁栄

鎌倉幕府の滅亡により、一時的には鎌倉の商工業は打撃を受けたと考えられる。しかしながら、室町時代になってからも、各地からの年貢米が和賀江島や六浦に陸揚げされ、売買がおこなわれている。応安《おうあん》三年（一三七〇）には、大水害で和賀江島に隣接する飯島の富裕な家三百軒ほどが流失してしまったとの記事もあり（新編相模国風土記稿所収『応安三年記』）、港湾地域を中心に、幕府滅亡後ほどなくして、鎌倉の商工業が繁栄を取り戻していたとみてよいだろう。また、「材木座」という語句が史料に初めて登場するのも貞治六年（一三六七）のことであり、そのころまでには、材木商の同業者組合「材木座」が形成されて、さらに地名として定着していたことになる。

鎌倉時代にすでに商工業が活発化していたことは幕府の法令などから明らかだが、室町時代になると、さまざまな史料から、より具体的な都市鎌倉の住人（商人・職人）たちの活動の様子を知ることができるようになる。

たとえば大町の八雲神社（かつての祇園社）に残されている懸仏《かけぼとけ》には、貞和五年（一三四九）の祇園会の初日の六月七日に「きのうらの又六」という人物が寄進したことが刻まれている。ここからは、少なくとも室町初期には、中世の主都市における疫病などの災いを払うための祭礼であった祇園会が鎌倉でもおこなわれていたことや、港湾に関わる人々がその祭礼を支えていたことがわかる。室町時代の鎌倉公方に関する故実を記した『鎌倉年中行事』によれば、六月十四日に祇園会の船鉾《ふねほこ》が巡行して舞もおこなわれ、公方が桟敷《さじき》から見物したという。この船鉾を引きまわしていたのは、おそらく町の人々であったろう。さらに、町の人々の信仰を集め、とりわけ富裕な商人を檀家にするようになった法華宗（日蓮宗）が勢力

祇園社（八雲神社）［著者撮影］

浄智寺［著者撮影］

を広げ、鎌倉内に多くの寺院を持つようになったのもこの時代のことである。

鎌倉五山

禅宗（臨済宗）の代表的寺院を格付けしたものとして、日本史の教科書でもお馴染みの「鎌倉五山」は、建長寺や円覚寺が創建された鎌倉時代に始まると思われがちだが、実は制度として整うのは室町時代になってからのことである。もっとも、鎌倉末期の正安《しょうあん》元年（一二九九）には幕府によって、中国にならって日本で初めて浄智寺が「五山」の称号を与えられ、ついで延慶《えんぎょう》元年（一三〇八）には建長寺・円覚寺・寿福寺も「五山」の寺格を得ている。ただし、まだ鎌倉の寺院のみで京都の寺院は含まれておらず、寺院数も五つに達しないように、順位も定まってはいなかった。日本の五山号に関しては、鎌倉が京都に先行していたことは興味深い。

室町幕府が開かれると、幕府の管轄下で保護を受ける禅宗寺院を京都と鎌倉から選定する五山の制度が始まった。しばらくは順位と寺院の顔ぶれが流動的であったが、至徳《しとく》三年（一三八六）に足利義満《よしみつ》によって序列が確定される。鎌倉公方は、二代氏満《うじみつ》の時代にあたっている。この時のリストが、その後長く存続し現在もよく知られているものである。すなわち、五山の上に京都の南禅寺《なんぜんじ》を置き、京都五山を第一・天龍寺《てんりゅうじ》、第二・相国寺《しょうこくじ》、第三・建仁寺《けんにんじ》、第四・東福寺《とうふくじ》、第五・万寿寺《まんじゅじ》とし、鎌倉五山を第一・建長寺、第二・円覚寺、第三・寿福寺、第四・浄智寺、第五・浄妙寺とするものである。

なお、京都五山だけでなく鎌倉五山の住職も、京都の幕府将軍が任命権を握っており、鎌倉公方には任命権がなかった。このことも、次に述べるような将軍と鎌倉公方の対立の原因の一つになっていたと思われる。

永享の乱と鎌倉公方の不在

鎌倉公方は二代氏満、三代満兼《みつかね》と代を重ねるにつれて、京都の幕府の意に反して独自の動きを示すようになっていった。これに対して、公方を補佐するべき関東管領は、幕府から任命されるため、むしろ幕府寄りの立場にあった。

管領の職は、早くから上杉《うえすぎ》氏が世襲するようになっていた。鎌倉時代から足利氏に従っていた上杉氏は、室町初期におもに四つの家に分かれ、それぞれ鎌倉の屋敷の場所によって、山内家《やまのうち》（山ノ内）、宅間家《たくま》（宅間ケ谷《たくまがやつ》）、犬懸家《いぬかけ》（犬懸ケ谷《いぬかけがやつ》）、扇谷《おうぎがやつ》（扇ケ谷《おうぎがやつ》）と呼ばれていた（図版15）。四家のうち嫡流（本家）は山内家で、関東管領はほとんどこの家から出ている（一部は犬懸家から）。越後《えちご》の守護となり、後には上杉謙信《けんしん》が家名を継ぐことになるのも、この山内上杉氏の流れである。

四代公方・持氏《もちうじ》の時代になって、鎌倉公方と幕府・上杉氏の対立はより激しくなり、ついに応永《おうえい》二十三年（一四一六）の上杉禅秀《ぜんしゅう》の乱で武力衝突に発展した。持氏と対立して管領を辞任した上杉氏憲《うじのり》（禅秀。犬懸家）は、公方の座を狙う足利満隆《みつたか》（持氏の叔父）や京都の足利

図版15　上杉氏略系図

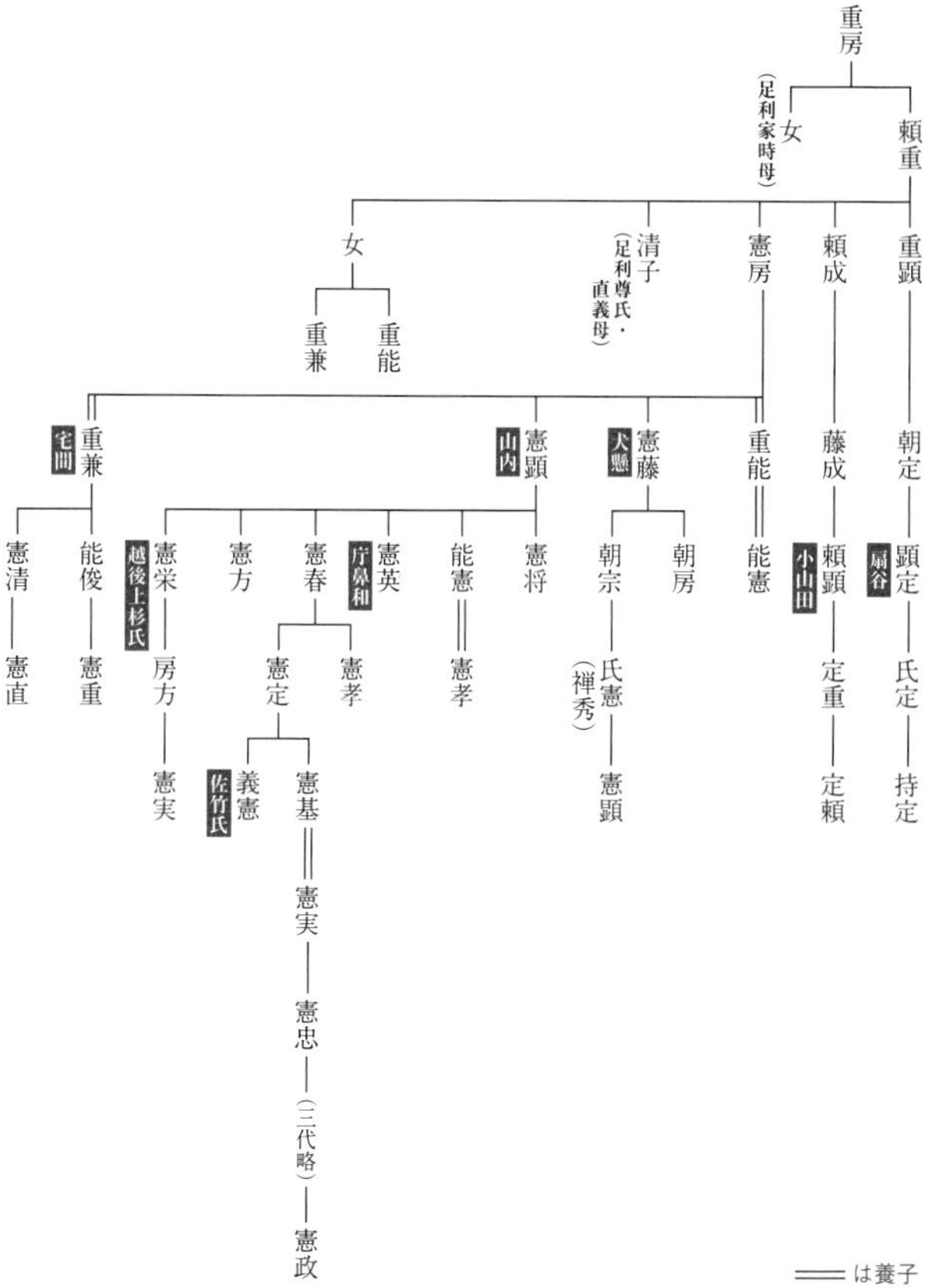
重房
女（足利家時母）
頼重
重顕
頼成
憲房
清子（足利尊氏・直義母）
女
重能
重兼
朝定
藤成
重能
犬懸
憲藤
山内
憲顕
宅間
重兼
扇谷
顕定
小山田
頼顕
能憲
朝房
朝宗
憲将
能憲
庁鼻和
憲英
憲春
憲方
越後上杉氏
憲栄
能俊
憲清
氏定
定重
氏憲（禅秀）
憲孝
憲孝
憲定
房方
憲重
憲直
持定
定頼
憲顕
憲基
佐竹氏
義憲
憲実
憲実
憲忠
（三代略）
憲政
══は養子

義嗣《よしつぐ》（四代将軍義持《よしもち》の弟）とも結託して兵を挙げ、持氏の御所を攻撃していったんは鎌倉を制圧した。しかし、幕府の救援を受けて持氏軍が盛り返し、翌年禅秀は敗死した。いろいろあったものの、とりあえず持氏と幕府は和解するのである。

その後、義教《よしのり》が六代将軍に就任すると、持氏と幕府の対立が再燃する。永享十年（一四三八）、両者の間に立って融和に努めた関東管領の上杉憲実《のりざね》がついには持氏と決裂して所領の上野国に退去してしまった。持氏が憲実追討のために出陣したことをきっかけに、幕府も持氏追討の軍を派遣し、永享の乱が勃発した。劣勢となった持氏は鎌倉の永安寺《ようあんじ》に籠り、自害した。乱の中で、浄妙寺東の大蔵谷御所も焼失してしまった。持氏敗死後しばらくの間、鎌倉府は公方不在となった。

関東の戦国

文安《ぶんあん》四年（一四四七）、足利持氏の遺児・成氏《しげうじ》が鎌倉公方を継ぐことを幕府が承認し、信濃《しなの》に逃れていた成氏は宇都宮辻子の御所に入った。鎌倉府再建に際して宇都宮辻子の場所が選ばれたのは、やはり武家の東国支配の源流である鎌倉幕府の御所の地に因んだからであろう。なお、成氏の御所はその後、桐谷《きりがやつ》、西御門と移るが、永享の乱で焼亡した大蔵谷御所は、ついに再建されることはなかった。

ところが、公方と上杉氏の対立は根深く、享徳《きょうとく》三年（一四五四）、成氏は西御門の御所に関東管領上杉憲忠《のりただ》を招き寄せて殺害した。この事件を契機に、関東は公方方と上杉方との長期にわたる内乱状態に陥った。この内乱を享徳の乱と呼ぶが、応仁《おうにん》の乱（一四六七～七七）にさきがけて享徳の乱以降、関東では戦国の世が始まったといえる。享徳四年（一四五五）には成氏は上杉方と戦うために鎌倉から出陣し、関東各地を転戦した。その間に京都の幕府は上杉方支援を決め、幕府の意向を受けた駿河《するが》守護の今川範忠《いまがわのりただ》が鎌倉を制圧したため、成氏は下総《しもうさ》の古河《こが》を新たな拠点としたのである。以後、成氏とその後継者たちは「古河公方」と呼ばれる（図版14）。

大蔵谷の御所跡は、成氏が古河に移った後はすっかり荒廃したと思われるが、江戸時代初期成立の『新編鎌倉志《しんぺんかまくらし》』巻之二の「公方屋敷」の項には、「いづれの時か、古河の公方御帰あらんとて、畠にもせず、今に芝野にしてをけりと、里老語れり」と記されている。古河の公方が鎌倉に復帰することを想定して、御所跡地を畠にせず「芝野」としておいた、という伝承があったのである。鎌倉幕府の大倉御所跡地が御家人屋敷や民家に転じていたことを想起すると、跡地全体が実際に芝地として保存されたとは考えられない。それにもかかわらず、御所跡地を畠にせず芝地として保存したというエピソードが見られることは、公方は本来鎌倉にいるべきだ、との観念が広く存在した証拠であろう。

長禄《ちょうろく》二年（一四五八）には、幕府は成氏に代わる新たな公方として足利政知《まさとも》（八代将軍義《よし》政《まさ》の兄）を関東に派遣している。しかし、政知は伊豆の堀越《ほりごえ》に留まり、鎌倉へは入ることはなかった。これは、鎌倉を押さえていた上杉氏が、東国支配の象徴的な場を新たな主に譲ることを嫌ったからであろう。そして政知は、そのまま堀越に拠点を置き、「堀越公方」と称される。

文明《ぶんめい》十四年（一四八二）、古河公方と幕府の和議が成立し、ようやく享徳の乱が終結した。この間鎌倉を支配していたのは上杉氏であり、享徳の乱後も古河公方や堀越公方は鎌倉へ入れず、上杉氏の支配が続くのである。

小田原北条氏と鶴岡八幡宮

戦国の混乱の中で、堀越公方の後継者を滅ぼした伊勢宗瑞《いせそうずい》（北条早雲《ほうじょうそううん》）が伊豆国を支配下に収めていた。続いて宗瑞は、明応《めいおう》四年（一四九五）には相模の小田原《おだわら》城を攻め落とし、上杉氏と対峙するようになる。さらに永正《えいしょう》九年（一五一二）には、上杉方の三浦氏を攻めて相

模中央部を制圧、三浦軍を三浦半島へ追い詰めた時に、初めて鎌倉へ入っている。この時に宗瑞は、

枯るる樹に　また花の木を　植えそへて　もとの都に　なしてこそみめ

という和歌を詠んだ（『快元僧都記《かいげんそうずき》』）。「枯れている樹」とは、衰退している鎌倉のことであり、花の木を植えるように復興して、元のような「武家の都」に戻そうとの決意を示している。武家の都・鎌倉を復興させることができる者こそが、東国武士の頂点に立つ者である、と考えられていたのであろう。やがて宗瑞は三浦氏を滅ぼし、相模国全体を支配する。宗瑞の拠点は小田原であったが、鎌倉を直轄地として、代官に重臣の大道寺《だいどうじ》氏を任命した。また、鎌倉の防御拠点および小田原と東相模の連絡拠点として、鎌倉の北辺に玉縄城を築いた。玉縄城は、重要な支城として代々北条一族が城主を務めている。

宗瑞の跡を継いだ子の氏綱《うじつな》は、永正十七年（一五二〇）に鎌倉で検地をおこない、寺社の財政基盤を整えた。ついで、大永《だいえい》三年（一五二三）ごろに、伊勢氏から北条氏へと姓を改めている。すでに鎌倉を押さえていた氏綱は、さらに鎌倉幕府の執権北条氏の後継者を名乗る

ことで、関東支配の正統性を主張しようとしたのである。もちろん、鎌倉時代の北条氏とは直接の血のつながりはまったくない。なお、戦国大名の北条氏については、研究上では「小田原北条氏」もしくは「後《ご》北条氏」と呼んで鎌倉時代の北条氏と区別している。

そのころ、安房《あわ》の戦国大名・里見《さとみ》氏が、小田原北条氏に対抗して、古河公方の一族である足利義明《よしあき》（小弓《おゆみ》公方と呼ばれる）をかついで関東一帯の支配をめざしていた。大永六年（一五二六）、里見義堯《よしたか》は海を渡って鎌倉を攻撃した。里見氏にとっても、鎌倉を支配下に置くことが、関東の覇者となるために必要と考えていたのであろう。この時には里見氏は鎌倉を奪うことはできなかったのであるが、戦乱のなかで鶴岡八幡宮が焼失してしまった。

北条氏綱は、焼失した鶴岡八幡宮の再建に全力をあげて取り組む。武家の守護神であり鎌倉の象徴でもある鶴岡八幡宮を再興することは、鎌倉幕府執権の後継者を自負する小田原北条氏にとっては、面子にかけて必ず成し遂げなければならないことであった。工事は天文《てんぶん》元年（一五三二）から九年（一五四〇）までかかり、遠く奈良からも大工を招いておこなわれた。工事中の天文三年（一五三四）に氏綱が鶴岡八幡宮の回廊を作って花の木を植え、掃除を念入りにおこなうように命じた際には、国中の人々がかつて宗瑞が詠んだ「枯るる樹に」の歌を口ずさんで感慨にふけったという（『快元僧都記』）。

氏綱の子・氏康《うじやす》は、天文二十一年（一五五二）に、対立する関東管領・上杉憲政《のりまさ》を越後に追いやり、上野《こうずけ》国を手にした。憲政は越後の長尾景虎《ながおかげとら》（のちの上杉謙信）を頼り、永禄《えいろく》三年（一五六〇）に景虎は憲政を奉じて北条攻めの軍を進め、翌永禄四年（一五六一）には小田原城にまで迫った。しかし、北条方が籠城《ろうじょう》策を取ったため景虎は攻略をあきらめ、鎌倉まで兵を退く。そして、景虎は憲政から「上杉」の家名と関東管領職を譲られ、鶴岡八幡宮で管領就任の儀式をおこなった。鎌倉幕府・鎌倉府と続く武家の古都である鎌倉、しかもかつて将軍源実朝も右大臣就任の儀式をおこなった鶴岡八幡宮で、管領の就任儀礼をおこなった景虎（上杉謙信）は、小田原北条氏とは別の形で関東支配の正統性を得ることになったのである。就任儀礼の直前に景虎は鶴岡八幡宮に願文を捧げており、そのなかでみずからの氏族・長尾氏が鎌倉権五郎景正の末裔であることを述べ、八幡神の加護を願っている。鎌倉土着の武士であった鎌倉氏の由緒を持ち出して、鎌倉支配の正統性、そこから拡大して関東支配の正統性を主張したのである。

以上のように、鎌倉の主こそが関東の支配者であるという観念が、当時の人々のあいだに広く存在したとみられる。関東の戦国大名にとって、鎌倉や鶴岡八幡宮の存在は、勢力拡大の大義名分のために無視できない魅力を持っていたのである。

白旗神社［著者撮影］

豊臣秀吉と鎌倉

氏康の後、小田原北条氏は四代氏政《うじまさ》、五代氏直《うじなお》と続き、関東の大半を支配下に置くようになった。しかし、豊臣秀吉《とよとみひでよし》への臣従を拒否したため、天正《てんしょう》十八年（一五九〇）に秀吉は小田原攻めを決行した。大軍に囲まれた小田原城の氏直は降伏し、小田原北条氏は滅亡した。秀吉は小田原を発って会津《あいづ》へ赴くが、その途中に鎌倉へ立ち寄っている。秀吉は鎌倉で鶴岡八幡宮に参詣し、境内の白旗神社で源頼朝像を見かけて語りかけたという。秀吉は、「取るに足らぬ身の上から天下を統一したのは、おぬしと自分だけだ。しかしおぬしはもともと家柄が良かったから統一に時間がかからなかったが、自分は家柄もないのにこのように世を平らげた。してみれば、自分のほうが優れている。そうはいっても、おぬしとは友達だ」と言って、頼朝像の肩を叩いて笑ったという（『関八州古戦録』ほか)。また、秀吉は側近を通じて鶴岡八幡宮の修理を命じているが、関東諸国は徳川《とくがわ》家康《いえやす》に与えられたため、実際の工事は家康に任されたのである。以後、鎌倉は徳川氏・江戸幕府の支配するところとなった。

第三章 近世
観光名所化する鎌倉

鎌倉に殿様はいなかった

徳川家康は、新たな武家政権の拠点を、小田原でも鎌倉でもなく、江戸に置いた。家康が鎌倉ではなく江戸を選んだ理由はさまざまに考えられているが、一つには、家康が鎌倉の由緒（鎌倉の主であることによって発生する権威）に頼らなくてもよかったということがある。家康はすでに軍事的に関東周辺で圧倒的な優位を保っており、のちには自らが将軍の職に就くことになる。形式的とはいえ、関東公方や室町将軍が上位に存在した上杉氏や小田原北条氏の場合とは、大きく状況が異なっていた。

家康の選択によって、鎌倉はリアルタイムの「武家の都」ではなく、武家の「古都」になったのである。近世（江戸時代）には、将軍が住む江戸をはじめとして、各地の大名（藩主）が住む城を中核とする城下町に、政治・経済などの都市機能が集約された。城下町にのみ「町」が存在し、町奉行によって町人の支配がおこなわれた。

城下町ではなくても（大名・藩主がいなくても）、特に幕府が政治・経済・宗教の面で重要視した都市は、幕府の直轄都市とされた。たとえば、大坂・京都（江戸を含めて三都と称される）、駿府、堺、伏見《ふしみ》、長崎、佐渡、浦賀、日光、伊勢山田、奈良などであり、幕府から奉行が派遣された。加えて、大坂・京都には町奉行の上に、大坂城代・京都所司代が置かれた。

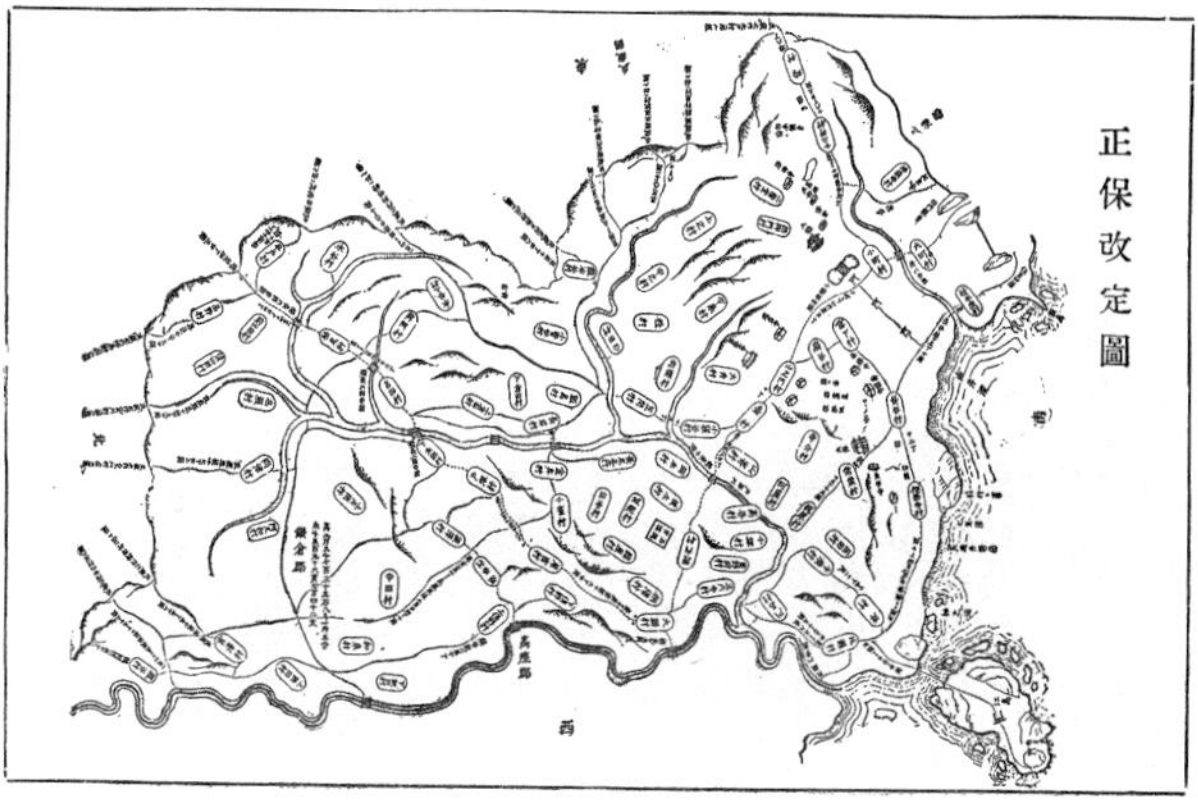

近世鎌倉郡の村　出典：『新編相模国風土記稿』第四巻（雄山閣）

これら以外の都市は、行政上は「村」によって構成されることになり、他の村々とともに、町奉行ではなく「代官」などの在方《ざいかた》（田舎。城下町の外部）を管理する役人によって支配されるようになった。寺社の門前町や港町、市町、宿場町の多くが、そうした「村」の顔をした都市であったが、これらを「在方町《ざいかたまち》」と呼んでいる。

　鎌倉は城下町にも幕府の直轄都市にもならなかったので、一まとまりの都市として支配する殿様（藩主）や町奉行は存在せず、いくつかの村の集合体として支配されるようになる。ただし、ごく初期には郊外の玉縄城に城主がいたことがあった。秀吉から関東を与えられた直後、家康は水野《みずの》忠守《ただもり》を玉縄城主に任じ、ついで本多《ほんだ》正信《まさのぶ》に与えた。しかし、幕府から一国一城令《いっこくいちじょうれい》（大名の領国内に一つの居城のみを認め、他の城を廃止させる法令）が出された元和《げんな》元年（一六一五）ごろには、玉縄城も廃城となってしまった。寛永《かんえい》二年（一六二五）、二万石の大名・松平《まつだいら》（大河内《おおこうち》）正綱《まさつな》が玉縄に居住するが（所領は玉縄周辺のほか、諸国に散らばっていた）、三代目の正久《まさひさ》が元禄《げんろく》十六年（一七〇三）に上総大多喜藩主へ転じ、鎌倉から大名はいなくなるのである。

近世の「鎌倉中」

徳川家康は、天正十九年（一五九一）に鎌倉を含む関東一円で検地をおこない、この時に近世鎌倉の土地所有のありかたの大枠が決まった。近世の鎌倉は在方町の一つとなったが、その中心部、すなわち中世都市鎌倉の領域は、相変わらず「鎌倉中」と呼ばれた。この鎌倉中を構成する村々は、数え方が流動的なため、「鎌倉十ヶ村」とか「鎌倉十一ヶ村」とか場合によってさまざまに呼ばれているが、元禄十五年（一七〇二）の『相模国郷帳《さがみのくにごうちょう》』に見える十四ヶ村が、天正十九年の検地以降の基本的な構成と思われる。その村々とは、以下の通り。

極楽寺村　山之内村　扇谷村　雪下《ゆきのした》村　長谷村　材木座村　乱橋《みだればし》村　大町村　小町村
西御門村　二階堂村　浄妙（明）寺村　十二所村　坂之下村

その後、近世後期までには乱橋村と材木座村が乱橋材木座村に統合されて十三ヶ村となり、明治期に引き継がれた。そして、現在の字《あざ》に至るまで、ほぼその村の名称が継承されているのである。これらの村は、八割が寺社領、残りは幕府領（天領）であった。

さらに細かく見ると、中心部の平地の村々、特に寺社門前（鶴岡八幡宮・光明寺・長谷寺の門前）と街道筋（海側の古・東海道沿いの長谷付近・小町大路の大町付近）に大規模な町並みが集中していた。大町村は「本郷」と呼ばれることもあり、近世鎌倉の町場の中心であった。また、近世の東海道は戸塚宿から藤沢宿へと続き、鎌倉は素通りされてしまったのであるが、六浦・浦賀・江ノ島へのルートの結節点として雪下村には、宿場に準ずる「継立場《つぎたてば》」が設けられ、旅籠《はたご》も軒を並べるようになった。六浦（金沢八景）〜鎌倉〜江ノ島というルートは、江戸近郊を代表する観光ルートになった。

いっぽうで、中心部の村々のうち谷あいでは、中世に居住していた武士たちが立ち去って、屋敷地が空き地となったり田畑に転化したりするようになり、集落の規模は相対的に小さかった。西御門村・二階堂村・浄明寺村・十二所村は、「谷合《やつあい》四ヶ村」と総称されたりもした。

なお、近世後期には鎌倉中の村ごとに火消組（消防組織）が形成され、地元での消防活動に加えて、鶴岡八幡宮境内の消防を分担していた。各組の半纏《はんてん》や纏《まとい》の図柄を描いた史料も残されており、中心部の村々には、江戸の町火消に準ずるような、都市的な仕組みがあったことがわかる。

他方で、鎌倉中の外側、すなわち現在の鎌倉市域に含まれている外縁の諸地区も、近世には十八の村に区分され、鎌倉郡の内に編入された。元禄十五年の『相模国郷帳』で確認できる周辺村落の名は、以下の通りである。

今泉村　岩瀬村　岡本村　植木村　城廻村　関谷村　津村　常盤村　笛田村　手広村
梶原村　上町屋村　寺分村　山崎村　大船村　台村　腰越村　小袋村

これら周辺の村落は、鎌倉中の村落とは区別されており、寺社領がほとんどなく、大半が旗本領で、残りは幕府領であった。鎌倉中の十三ヶ村と周辺の十八ヶ村の幕府領は、いずれも幕府の役人（代官）によって管理された。鎌倉地方を受け持つ代官は、関東郡代もしくは関東郡代付属の代官で、旗本クラスの者が交代で務めていた。

駆込寺東慶寺

先に述べたように鎌倉中の大半は寺社の所領であったが、その内訳を見ると鶴岡八幡宮・建長寺・円覚寺・東慶寺《とうけいじ》の四寺社で実に全体の九割以上を占めていたのである。この四寺社が、特に幕府から厚い保護を受けていたことは確かであるが、それはなぜであろうか。まず鶴岡八幡宮は武家の守護神として中世から崇められてきた社であり、豊臣秀吉、徳川家康・秀忠《ひでただ》も社殿の修理を命じている。次に、建長寺・円覚寺は、鎌倉五山の第一・第二を占める、鎌倉の臨済宗寺院を代表する存在であるからであろう。

東慶寺［著者撮影］

松岡山《しょうこうざん》東慶寺は臨済宗寺院の一つであり、五山寺院ではなく、尼五山に列せられてはいたが、第一ではなく第二であった。突出した寺格を持つわけではないのに、幕府から保護を受けた理由には、特色のある寺の歴史が関係している。東慶寺の開基は北条貞時、開山は北条時宗の夫人（貞時の母）・覚山尼《かくさんに》で、以後代々の住職は女性（尼）が務めていた。第五代・用堂尼《ようどうに》は後醍醐天皇の娘で、以後東慶寺は「松ケ岡御所」と呼ばれるようになったと伝えられている。

そして近世になって、第二十代・天秀尼《てんしゅうに》（豊臣秀頼《ひでより》の娘で、千姫《せんひめ》の養女）のころに、縁切《えんきり》寺法《じほう》が確立するのである。縁切寺法とは、妻から夫を離縁できなかった当時において、「不法な夫との離縁を望む女性が東慶寺に駆け込んだ場合、その身を保護され、寺で二年間の勤めを果たしたのちに離縁が成立する」というものであった。もともと中世の寺院には、寺内に逃げ込んだ者は世俗権力の追及から守られるという、一種の治外法権が広く認められていた。しかし、江戸幕府のもとでそうした特権は否定されるようになり、例外的に特権の存続を認められた東慶寺では、寺法という形で成文化されたものと思われる。この特色ある法の存在によって、東慶寺は「縁切寺」「駆込寺《かけこみでら》」などと称されるようになったのである。

では、なぜ東慶寺には例外的に避難所としての特権が保障されたのであろうか。住職となった天秀尼の養母である千姫（天樹院《てんじゅいん》）は、徳川秀忠の娘であり、家康の孫にあたる。おそらくは千姫の取りなしなどがあり、家康から格別の配慮を得たものと想像される。

近世を通じて東慶寺には関東一円から駆け込みがあったのであるが、とりわけ後期の文《ぶん》

化《か》・文政《ぶんせい》ごろに増加したため、当時流行した川柳に、「松ケ岡」「鎌倉」という語で、非常に多く取り上げられている。たとえば、

出雲にて結び鎌倉にてほどき
松ケ岡男を見ると犬が吠え
うろたえた駆け込みもある建長寺

といった句がある。三句目は、慌てるあまり、東慶寺の近くにある建長寺に間違えて駆け込んでしまうという状況を詠んでいる。女性の駆け込みが、鎌倉の一つのイメージとして定着していたことをうかがわせるものである。

徳川家の鎌倉

鎌倉を「都市」とせず「村」扱いしたことで、江戸幕府・徳川家は鎌倉に対して冷淡だったように感じるかもしれないが、右に見た東慶寺の事例があるように、ピンポイントで深い関係も存在していた。水戸徳川家と英勝寺《えいしょうじ》の関係もその一つである。

英勝寺は、寛永十一年（一六三四）に、室町時代に扇谷上杉氏の家臣・太田道灌《おおたどうかん》が住んだと伝えられる場所に創建された。開山の英勝院《えいしょういん》（徳川家康側室・お勝《かち》の方）が、太田道灌の子孫にあたるという縁による。英勝院は、水戸徳川家の祖・頼房《よりふさ》の養母であったため、英勝寺は水戸徳川家の保護を受けるようになった。また、代々の住職は、水戸藩主の娘をはじめとする水戸家と縁がある女性が務めていた。近世後期には、水戸藩の主導で貸付金の運用が開始された。水戸家の威光によって利息の取り立てが比較的スムーズであったため、近隣の商人・豪農からの出資も潤沢で、寺の経営基盤の安定に寄与したようである。

水戸徳川家第二代の光圀は、延宝二年（一六七四）に鎌倉を訪れ、英勝寺を宿所として鎌倉や近辺の名所旧跡を巡見している。その時の記録が、あとで触れる『鎌倉日記』である。

また、鶴岡八幡宮は、源頼朝が創建した鎌倉幕府の直轄寺社であり、源氏と武家の守護神として、代々の武家のリーダーたちによって崇められてきた。よって、幕府の将軍であり、河内源氏の末裔を標榜している徳川家にとっても、鶴岡八幡宮を主体的に保護することが、鎌倉幕府以来の武家政権の正統な後継者であることをアピールするためには、必要不可欠な役目であった。近世初期には徳川家康・秀忠が修理をおこなったほか、幕末にいたるまで幕府による修復・再建事業が何度もおこなわれている。工事にあたっては、幕府から多数の役人や大工が派遣され、資金の援助もなされたのである。

そのほか、鎌倉と徳川家の関係としては、肴《さかな》（魚）献上の制度が注目される。腰越《こしごえ》・坂ノ下・材木座（鎌倉市）と、新宿《しんじゅく》（逗子市）、片瀬・江ノ島（藤沢市）の六つの浦は、近世には「鎌倉六ケ浦」と呼ばれ、幕府への役負担として、江戸城や戸塚宿・藤沢宿へ肴を献上する義務があり、その代わりとして漁業権を保障されていた。より具体的には、江戸城に月五回、鯛・鮑《あわび》・海老を献上すること、夏には生鰹《なまがつお》を夜通し運んで江戸城に届けること、将軍が京都へ上洛する際に藤沢宿に肴を献上すること、などが義務づけられていたという。ちなみに、江戸の人々は将軍に限らず、鎌倉の初鰹を食べたがったようで、松尾芭蕉の俳句にも「鎌倉を生きて出でけん初鰹」とある。別の視点からみれば、近世の鎌倉の経済は、江戸抜きでは成り立たなかったとも言えよう。

それはさておき、あたりまえではあるが、徳川家が鎌倉にまったく無関心、というわけではなかったのである。

江戸至近の観光地

中世にも『蒙古《もうこ》襲来絵詞《しゅうらいえことば》』や阿仏尼の『十六夜日記』、宗牧《そうぼく》の『東国紀行』など、鎌倉のことを記した紀行文や文学作品はいくつかあった。ただ、それらの多くは、政治・経済の中心である幕府のお膝元・鎌倉をめざして下ってきた場合や、連歌師・僧侶が諸国遊行の途中に鎌倉を訪れた場合に記されたものであった。

ところが近世に入ると、政治の中心・江戸に赴いたついでに鎌倉見物をした記録に変化してくる。たとえば、近世のごく初期、京都醍醐寺《だいごじ》の僧・義演《ぎえん》は、慶長《けいちょう》十五年（一六一〇）四月に江戸城で徳川秀忠に謁見した後、鎌倉に立ち寄って一泊、あちこちと参拝・見物をしている（『義演准后日記《ぎえんじゅごうにっき》』）。その記録は、これまであまり知られておらず、興味深い記述もあるので、少々長くなるが紹介してみよう。

義演が鎌倉で訪れた場所は、円覚寺、建長寺、禅興寺《ぜんこうじ》（現存せず）、鶴岡八幡宮、頼朝卿屋敷、荏柄天神社、「するすみ・いけづき」を冷やした洞窟、大塔宮《だいとうのみや》（護良《もりよし》親王）を幽閉した土牢、由比ヶ浜、長谷寺、大仏などであった。とりわけ興味深いのは、禅興寺に北条氏代々の木像があったと記されていることである。北条時頼の木像は僧形で、高時の代までの木像があったというから、残されていればさぞかし貴重なものになっていただろう。また、「鎌倉中には石塀が多い」という指摘もあり、谷奥から切り出した石材を石垣などに利用していたことがわかる。

そのほか、「鎌倉中は狭い谷で、頼朝の威勢も小さく感じられる」とか、「源氏代々の先祖が住んでいたので頼朝も（鎌倉に）住んだのだろう」といった感想を漏らしている。鶴岡八幡宮の供僧のもとで、頼朝の文書を拝見したりもしており、源頼朝ゆかりの地、という点を強く意識していたことが読み取れる。さらに、「するすみ」と「いけづき」とは、頼朝と木曽義仲の合戦において、宇治川《うじがわ》の先陣争いをした名馬の名前である。この名馬を冷やした洞窟や、大塔宮を幽閉した土牢というのはもちろん伝承であろうが、歴史物語にちなむ名所旧跡が誕生していることが知られる。これらの名所旧跡は当時の姿を直接残しているものではなく、想像上の産物（幻想）である点が重要である。

義演の鎌倉見物の数年後、慶長十八年（一六一三）三月には、公家の西洞院時慶《にしのとういんときよし》が同じく江戸に下って徳川秀忠に対面した帰途、鎌倉に寄り、その様子を日記に残している（『時慶卿記』）。時慶は称名寺や野島などの金沢八景の地を見物した後、鎌倉へ入って、鶴岡八幡宮、建長寺・円覚寺・寿福寺・浄智寺・浄妙寺の鎌倉五山、松岡（東慶寺）、頼朝屋敷、するすみ・いけづきの厩《うまや》、大仏、長谷寺などの名所旧跡を訪れている。義演の巡見地と重なる場所も多いが、鎌倉五山のすべてを巡礼しているのは特徴的である。時慶は最後に江ノ島に詣《もう》でようとしたのであるが、波が高いので断念し、代参を依頼している。すでにこの時点で、金沢八景・鎌倉・江ノ島がセットになっている点が、注目される。

しばらくして、近世も寛永（三代将軍家光のころ）以降になると、最初から鎌倉観光を目的として訪れた人たちの紀行文や、観光案内の性格を帯びた作品が大量に登場するようになる。その背景には、鎌倉が江戸から近く、鎌倉時代からの歴史をしのばせる名所旧跡があちこちにあるということから、江戸方面から手軽に出かけられる一大観光地となったということがある。

紀行文の代表的なものとしては、水戸藩主徳川光圀の『鎌倉日記』（一六七四年成立）や、『東海道中膝栗毛《とうかいどうちゆうひざくりげ》』の作者・十返舎一九《じつぺんしやいつく》による『金草鞋《かねのわらじ》　箱根山七温泉江之島鎌倉廻』（一八三三年刊）などがあった。

地誌と絵図

近世の鎌倉に関する史料として、紀行文とは別に、調査・取材に基づいて地域の地理、風俗、史跡などの特色を体系的に記した、「地誌」と呼ばれる種類の書籍もいくつか刊行されている。まず最初に登場したのが、貞享《じようきよう》二年（一六八五）刊行の『新編鎌倉志』である。同書は、水戸光圀の命により、家臣の河井恒久・松村清之・力石忠一が編纂したものであり、

『新編鎌倉志』巻之四　浄光明寺挿絵［国立公文書館蔵］

先にみた光圀自身の記録『鎌倉日記』も、その素材として活用されたと思われる。当時の鎌倉の姿を描いた簡略な絵図のほかに、鐘銘《しょうめい》や石碑の碑文、古文書などの史料の原文を多く引用している点が特徴的であり、現在われわれが鎌倉の歴史を研究する上でも史料的な価値が高い書物である。

続いて、幕府旗本（八王子千人同心組頭）であった植田孟縉《うえだもうしん》の編纂による『鎌倉攬勝考《かまくららんしょうこう》』が、文政十二年（一八二九）に刊行された。この書も、史料の引用を随所でしているが、『新編鎌倉志』と比べると、肖像画・木像・扁額《へんがく》・寺宝《じほう》などの模写図を多く掲載する点が独特である。

また、鎌倉のみを対象にしたものではないが、天保《てんぽう》十年（一八三九）には、鎌倉郡渡内《わたうち》村（藤沢市）の名主・福原高峰《ふくはらたかみね》が編纂した相模国全体の地誌『相中留恩記略』が刊行された。同書には、江戸の画家・長谷川雪堤《はせがわせってい》の手による風景画が挿入されており、鎌倉の部分についても貴重な画像史料を提供してくれている。これも相模一国を対象にしたものであるが、幕府の命により林述斎《はやしじゅっさい》が責任者となって編集した『新編相模国風土記稿』が、天保十二年（一八四一）に完成している。幕府が主導した編纂物だけに、史料の引用よりは、当時の現地の情報が詳細に記されている。

地誌が鎌倉に関する情報を網羅的に記した事典のような働きをしたのに対して、現地における観光マップ（おみやげも兼ねる）としての役割をはたしたものとして、木版で印刷された一枚物の絵図がある。絵図は、だいたい寛文《かんぶん》年間（一六六一〜七三）から刊行され始め、数々の種類がある。名所旧跡の位置と名称を示し、簡単な絵を添えている。主流となったのは、鶴岡八幡宮を中央上部に配置した縦長の判型のもので、微妙に図柄や記載事項を変えて、さまざまなバージョンのものが刊行されており、多くは「鎌倉絵図」というタイトルを持つ。「鎌倉絵図」は当初は、雪ノ下で旅籠を営業する鶴岡八幡宮の職員が刊行し、観光客らに販売していた。やがて近世中期の享保《きようほう》年間（一七一六〜三六）になると、鶴岡八幡宮の管理のもと、一般の町人が刊行・販売を請け負うように変わったのである。

近世中期には、『鎌倉名所記』というガイドブックのような印刷物も鎌倉で刊行されるようになり、「鎌倉絵図」とセットで販売されていたのではないかと推測されている。鎌倉観光の興隆にともなって、鎌倉の側でも徐々に受け入れの体制が整っていったのである。そして、こうしたメディアによって、古都鎌倉の「幻想」が拡散してゆく。

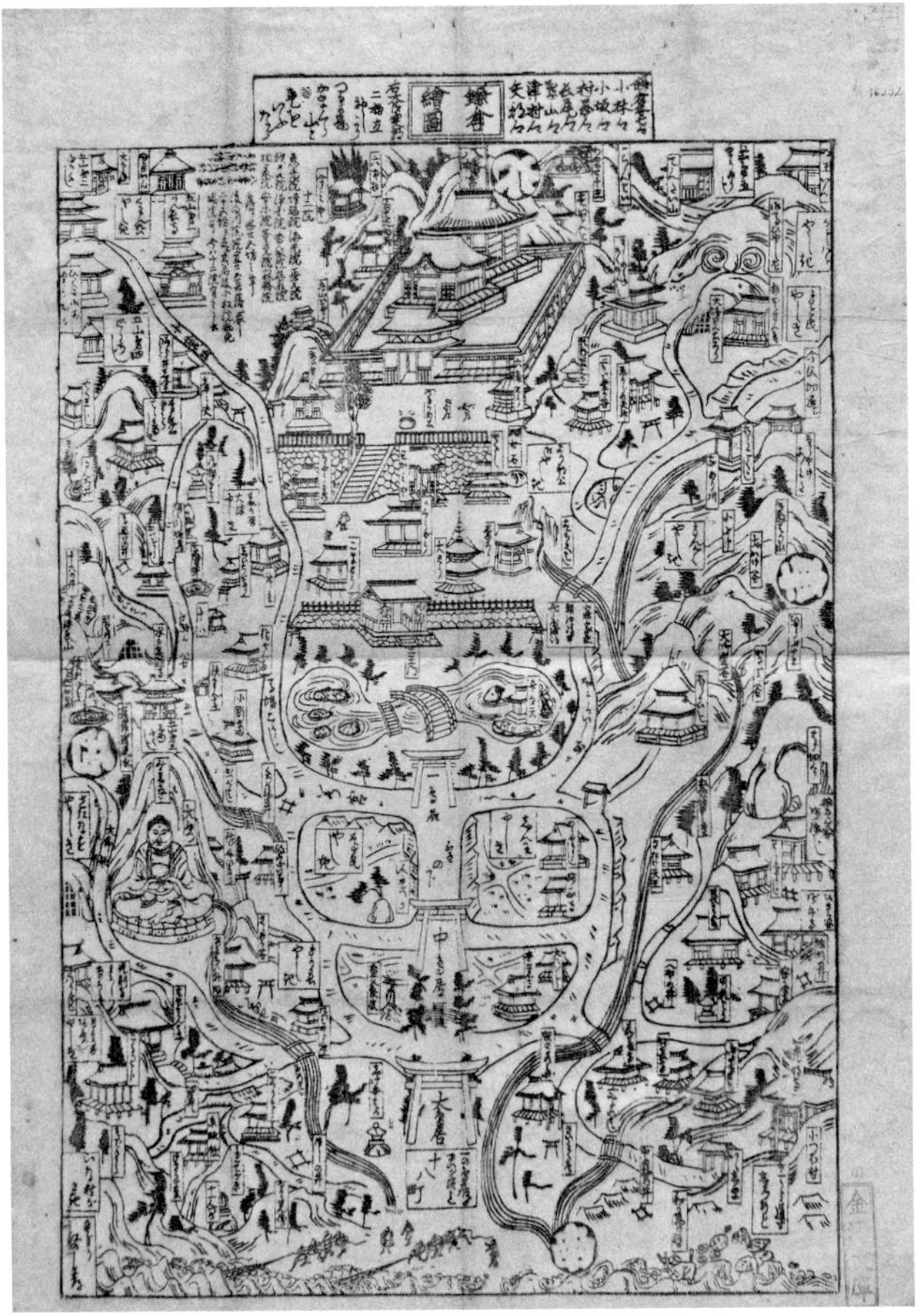

鎌倉絵図［神奈川県立金沢文庫蔵］

江ノ島と鎌倉

江戸からの客を中心とする鎌倉観光のコースは、江ノ島や金沢八景とセットになることが多かった。現在は江ノ島は藤沢市に、金沢八景は横浜市にそれぞれ属して、行政区分は異なっているが、鎌倉時代から鎌倉と江ノ島・金沢との関係はきわめて密接であった。江ノ島は弁財天を祀る聖なる島として、鎌倉幕府から厚い信仰を受けており、将軍が参詣したり、鎌倉の境界の地として幕府の命令による祈祷・祭祀がおこなわれたりしていた。小田原北条氏も江ノ島の弁財天を熱心に信仰しており、氏綱は江ノ島弁財天を小田原城内に勧請している。他方、金沢には、鎌倉の外港・六浦が存在し、北条氏の一族・金沢氏の別荘や文庫などが設けられていた。

近世になると、とりわけ巨大都市江戸に対する江ノ島の影響力が際立ってくる。徳川家も江ノ島を深く信仰しており、将軍が病気の際の祈祷を命じたり、修理費用を寄進したりしていた。

近世中期以降になると、「御師《おし》」と呼ばれる布教者の活発な活動や、頻繁な弁財天開帳の結果、江戸庶民のあいだで大山詣と並んで「江ノ島詣」が大人気となった。江ノ島弁財天別当の岩本院をはじめ、島内には多数の旅籠ができ、参詣客を宿泊させるようになった。新鮮

歌川広重『相州江之嶋之図』［電子博物館みゆネットふじさわ蔵］

な魚貝を中心とした豪華な食膳が、江ノ島の宿で提供されたことも、人気を高めた理由の一つであっただろう。参詣客のほとんどは江戸の庶民であったが、特に商人や歌舞伎・芸能関係者の信仰を集めており、彼らが寄進した奉納品が現在の島内にも多く存在している。歌舞伎・芸能関係者の支持を受けたのは、江ノ島弁財天が芸道上達に利益があるからとされたためで、江ノ島を題材とした歌舞伎もいくつかある。また、江ノ島を描いた浮世絵版画は、歌麿・北斎・広重をはじめとして非常に多く、江戸での人気ぶりがうかがわれる。

こうした江ノ島詣の人気に引っ張られるようにして、鎌倉見物の客も増加するようになった。鎌倉の絵図の中には、江ノ島や金沢八景までを一体として描いたものがいくつか見られる。鎌倉に関する紀行文や観光案内的な書物でも、江ノ島や金沢八景に触れているものはきわめて多い。たとえば、文化七年（一八一〇）に刊行された十返舎一九の滑稽本《こっけいぼん》『滑稽江之島土産』は、「江之島」というタイトルを持つものの、鎌倉の名所旧跡にも言及している。また、柳亭種彦《りゅうていたねひこ》が作り北斎がコマの絵を描いた『鎌倉《かまくら》江《え》ノ島《のしま》大山《おおやま》新板《しんぱん》往来《おうらい》双六《すごろく》』という双六もある。この双六では、江戸日本橋を振り出しに、鎌倉、江ノ島、大山と巡って、日本橋に戻ってくるという設定になっている。実際、江ノ島詣と大山詣を一緒におこなうというケースも広く見られたようである。江ノ島・鎌倉・金沢八景という三つの観光地、さらには大山を含めて巡見するコースが、江戸からの手軽な物見遊山の定番だったということがわかる。

新たな歴史物語

鎌倉はさまざまな歴史的な事件の現場であり、歴史上の人物が活躍した舞台であったことから、ゆかりのある場所や建物は名所旧跡となり、観光資源となっていた。時代が下るにつれて、新たな伝説や歴史物語も生まれ、それに因んだ名所旧跡がさらに追加されていったのである。たとえば、鶴岡八幡宮は源実朝が公暁に暗殺された現場であったが、近世になると公暁が境内《けいだい》の銀杏《いちょう》の木に隠れていたという説が登場し、その歴史物語を具体化する大銀杏の木が、新たに名所となっていった（残念ながら、この大銀杏の木は二〇一〇年の大風で倒壊してしまった）。

それだけでなく、中世の鎌倉に関係する事件や人物を題材にした歌舞伎も、多く作られた。たとえば、『寿《ことぶき》曽我対面《そがのたいめん》』は実際に頼朝の時代に起きた曽我兄弟の仇討ちを題材としたもので、中心となる工藤祐経《くどうすけつね》の館の場面は、鎌倉の館を想定しているものとみられる。『暫』では、平安末期に鎌倉付近を拠点とした武士として第一章でも取り上げた鎌倉権五郎景政（正）を主人公とし、鶴岡八幡宮の社頭で景政が悪人を懲らしめるという設定である。

また、江戸幕府によって、徳川家や近い過去の事件を題材に取り上げることが禁止されていたため、遠い過去である鎌倉時代の似た事例に置き換えて描くこともよくおこなわれた。代表的なものが有名な『仮名手本忠臣蔵《かなでほんちゅうしんぐら》』で、赤穂浪士《あこうろうし》の討ち入り事件を南北朝時代のことに設定し直しており、足利直義の鶴岡八幡宮参詣の場面から始まるのである。

このような鎌倉を舞台とする歌舞伎の一場面や役者を描いたり、曽我兄弟や新田義貞の鎌倉攻めなどの歴史物語を題材にした浮世絵も刊行された。そして、新たに誕生した歴史物語の演劇・絵画に触れた人々が、実際にその舞台となった場所（「聖地」）を訪れようというモ

『仮名手本忠臣蔵　大序』 ©RMN-Grand Palais/amanaimages

チベーションを持ち、鎌倉をめざすようになったということも想像される。幻想の古都が、人々の頭の中でさらに増殖してゆくのである。

　ところで、江ノ島の風景浮世絵が膨大に存在するのに対して、鎌倉の町や寺社の風景を描いた浮世絵はきわめて少なく、右に見た役者の絵や想像で描かれた歴史絵のようなものが主流である。例外的に多く浮世絵となったのが、鎌倉の西はずれ・稲村ケ崎から江ノ島の手前の腰越まで続く、「七《しち》里《り》ヶ《が》浜《はま》」の風景である。七里ヶ浜から江ノ島を望み、その背後に富士山を配する構図は非常に好まれた。加えて、七里ヶ浜を牛に乗って進む女性が描かれることがしばしばであった。鎌倉から七里ヶ浜を経て江ノ島に向かう参詣客を、牛に乗せて運ぶ商売があったらしい。

このようなところからも、近世の鎌倉観光が、江ノ島詣の人気に依存するところが大きかったことがうかがわれよう。

薩摩・長州の先祖顕彰

近世の半ばになると、源頼朝墓の整備がおこなわれた。もともと頼朝の墓所は、大倉御所の背後の山腹に遺骸を埋葬し、その真上に仏堂を設けた、「法華堂」という施設であった。近世には法華堂は廃れ、石の五輪塔が置かれるのみになってしまった。そのかわりに、山裾に墓を供養するために新たな法華堂が建てられた（現在の白旗神社の場所。鶴岡八幡宮境内の白旗神社とは別）。安永八年（一七七九）に、薩摩《さつま》藩主《はんしゅ》・島津重豪《しまづしげひで》は、島津家の祖忠久《ただひさ》が源頼朝の落胤《らくいん》であるとの伝説があることから、頼朝の墓の整備をおこなう。このときに五輪塔が層塔（同型の屋根が重なった塔）に改められ、記念の石碑の建立や、石の玉垣《たまがき》（境界の柵）・灯籠《とうろう》・水盤《すいばん》の寄進がおこなわれた。現在われわれが目にする源頼朝墓の光景は、ほぼこの時に整えられたと言える。「丸に十字」の島津家の家紋が入った石の香炉が、今も塔の前に置かれている。島津氏は墓の整備を通じて、みずからが頼朝の子孫であることを宣伝しようとしたのである。

島津重豪は、頼朝墓の整備と同時に、島津忠久の墓所を新たに造営した。場所は、頼朝墓の東の山の中腹で、北条義時墓所（法華堂）の背後に位置する。古墳時代の横穴墓を転用して造られており、本来の忠久の墓ではない。その後、文化八年（一八一一）には島津斉興《なりおき》が、明治七年（一八七四）には島津久光《ひさみつ》が鎌倉を訪れ、頼朝墓・忠久墓に詣でている。

近世後期の文政六年（一八二三）に、今度は長州《ちょうしゅう》藩主・毛利斉熙《もうりなりひろ》の命により、大江広元（毛利氏の先祖）の墓所が鎌倉に造営された。場所は、先に見た島津忠久墓所の左すぐ横で、忠久墓と同様に古墳時代の横穴墓を転用しており、墓前には亀趺碑《きふひ》と呼ばれる、亀の上に乗せた形に造られた石の顕彰碑が建てられている。亀趺碑は、近世になって中国・朝鮮から渡来して、主に大名家の墓などで流行した形式で、官位の高い故人に対してのみ許される形式とされている。亀趺碑を建立することによって、家格の高さをアピールするねらいもあったのだろう。

また、この時に斉熙は、大江広元の子で毛利を最初に名乗った毛利季光《すえみつ》の墓所を鶯谷《うぐいすがやつ》（鶴岡八幡宮の西隣）に造営している。ちなみに、季光墓は大正十年（一九二一）には大江広元墓のすぐ左隣に移されており、現在は、島津忠久墓・大江広元墓・毛利季光墓が横一列に並ぶ形となっている。

このように、国元から遠く離れた武家政権の由緒の地・鎌倉で、薩摩と長州が競うように先祖の顕彰をしていたのである。薩摩・長州による墓所の整備がおこなわれた時期には、いずれも財政を中心とした藩政の改革がおこなわれており、自藩の独自性や優位性を対外的に主張するとともに、藩主の先祖を顕彰することによって藩内の精神面での一体化を図ろうとしたと考えられる。

海防と外国人の来訪

鎌倉は江戸から適度な距離に位置し（近すぎず、遠すぎず）、海に面しているということから、近世後期には腰越村・津村に幕府の鉄砲射撃場が設置されていた。ただ、初めは何か具体的な危機に備えるためではなかったのであるが、寛政《かんせい》四年（一七九二）のロシア使節ラクスマンの来航以後は、海防のための演習場となり、大砲の試射もおこなわれるようになった。

水野忠邦《みずのただくに》が幕政を主導していた天保十三年（一八四二）には、川越《かわごえ》藩松平家に相模湾の湾岸警備が命じられた。その少し前には、腰越の八王子山に遠見番所が建設されて、外国船航行の監視にあたるようになっていた。

こうして、鎌倉には海防の拠点という性格が加わった。そのため、鎌倉の海岸に近い村々では、海防のために人夫や馬を徴発されたり、薪や炭を供出させられたりするようになり、負担が増加した。嘉永《かえい》六年（一八五三）にペリーが浦賀に来航した際には、建長寺と円覚寺で異国船退散のための祈祷がおこなわれた。その後も、八王子山の番所に加えて新たに稲村ヶ崎にも台場を設置するなど、警備の強化がなされた。

そして、安政《あんせい》五年（一八五八）に日米修好通商条約が調印され、翌年に横浜が開港されると、状況は大きく変化する。横浜には、多くの外国人が居住・滞在するようになり、彼らには近距離の外出が許されていた。横浜から近くの位置にあり、かつての武家の都で歴史の名所が豊富に存在する鎌倉は、外国人にとって格好の行楽地となった。しかし、外国人の往来が盛んになるにつれて、文化の違いから生じる理解不足や反感から、生麦《なまむぎ》事件などの外国人殺傷事件が江戸・横浜周辺で頻発するようになった。鎌倉でも、元治《げんじ》元年（一八六四）に若宮大路の下馬橋（現在の下馬交差点）付近でイギリス人二人が浪人に斬殺されるという事件が起きた（鎌倉事件）。事件の詳細は、横浜から馬に乗って江ノ島を訪れたイギリスの軍人二名が、次いで鎌倉で大仏を見物した後、金沢へと向かう途中で襲撃を受けたというものであった。犯人は、のちに幕府によって捕らえられて処刑された。

数年後、時代は明治維新を迎えることになるが、引き続き鎌倉は、「武家の古都」「歴史の名所」として、外国人を含む多くの人々を惹きつけてやまなかった。

第四章 近代
幻想の古都

神仏分離と寺院の困窮

慶応《けいおう》三年（一八六七）に江戸幕府最後の将軍・徳川慶喜《よしのぶ》が大政を奉還し、王政復古の大号令が出されて、天皇を中心とする新政府が成立した。翌年には、政府軍が江戸へ入り、江戸は東京と改められるとともに、元号も明治となり、太政官などの政府組織が整えられて、明治維新が進行した。

明治新政府の諸政策のうち、神仏分離《しんぶつぶんり》政策は、寺社の多い鎌倉にきわめて大きな影響を与えた。明治元年（一八六八）には、神社で仏像を拝むこと（神仏混淆《こんこう》）を禁止した神仏分離令や、それまで神社に所属していた僧侶を還俗《げんぞく》させる命令などが出されたのである。江戸時代までは、神社と寺院が一体となっていることはむしろ一般的であったのであるが、神仏分離政策は、神社から仏教色を徹底的に取り除くことを目的としていた。さらに、一部の神官や国学者の過激な言動もあって、寺院や仏像を破壊するという廃仏毀釈《はいぶつきしゃく》の風潮が全国的に広まった。

鎌倉の寺社でも、とりわけ強烈な影響を受けたのが鶴岡八幡宮である。鎌倉時代の創建以来、鶴岡八幡宮では、別当や供僧と呼ばれる僧侶が仏事をおこない、仏教的な施設も多く存在していた。明治三年（一八七〇）五月、神奈川県からのたびたびの催促を受けて、八幡宮

鶴岡八幡宮大塔（手前）と薬師堂（奥）［横浜開港資料館蔵］

境内から仏教的な施設の除去がおこなわれた。わずか十数日のあいだに、薬師堂・護摩《ごま》堂・大塔《だいとう》（多宝塔）・経蔵《きょうぞう》（輪蔵）・鐘楼《しょうろう》・六角堂・愛染《あいぜん》堂などがすべて取り壊された。仁王門だけは浦《うら》賀《が》の某寺に移築されたといわれるが、正確な行方は不明である。享保の絵図と現在の境内を比較してみれば、境内の光景が一変していることがよくわかる。

江戸時代には鶴岡八幡宮の供僧は十二の院家《いんげ》（住居兼用の小寺院。八幡宮西脇の谷に存在した）を拠点として八幡宮の運営を主導するようになっていたが、神仏分離政策により、十二院の住職はすべて髪を伸ばして一般人風の姓名を名乗ることになった。たとえば、正覚院《しょうがくいん》の住職が「筥崎博尹《はこざきひろただ》」、浄国院《じょうこくいん》の住職が「国司信成」、相承院《そうしょういん》の住職が「相良亮太」、といった具合である。

八幡宮の諸堂や院家で守られてきた仏像や経典も、あるものは失われ、あるものは移動して他の寺院や個人・機関に伝わっている。経蔵に納められていた元版一切経が浅草浅草寺《せんそうじ》に伝わったり、薬師堂の木造薬師三尊像が東京都あきる野市の新開院に、回廊の座《さ》不冷《さまさずの》壇所《だんしょ》に安置されていた金銅薬師如来像が鎌倉寿福寺にそれぞれ移されたりしているのは、代表的な事例である。

また、岩屋不動（窟堂）の場所にあった松源寺《しょうげんじ》は、鶴岡八幡宮の管理下にあって、供僧や社人の墓所となった寺院であったが、神仏分離の際に廃寺となった。そのため、供僧たちの墓石は、近くの浄光明寺に移されている。源頼朝の墓の下にあった法華堂は、鶴岡八幡宮供僧の一つ相承院が住職を兼ねていたが、法華堂を廃止して白旗神社という神社に改められている。

神仏分離とは別に、新政府はそれまで寺社が所有していた土地を、境内を除いて没収し、国有地とした。鶴岡八幡宮をはじめとする鎌倉の寺社も、鎌倉に所有していた寺社領を失い、

創建直後の鎌倉宮［横浜開港資料館蔵］

経済的に困窮することになった。江戸時代には優越した地位を誇っていた東慶寺でも、堂舎の維持に苦労し、五つあった塔頭も消滅した。仏殿は修理費用が工面できず、荒廃を憂えた実業家の原三溪《はらさんけい》によって、明治四十年（一九〇七）に横浜市本牧《ほんもく》の三溪園《さんけいえん》に移築されている。

困窮する寺院とは対照的に、新政府の意向を受けて、鎌倉に新たに創建された神社があった。天皇を中心とする国家をめざす新政府は、中世に天皇家の威勢を取り戻そうとした後醍醐天皇や南朝の関係者と、そのゆかりの地を顕彰することに努めていた。鎌倉でそのような場所を探した時、第一にあがってきたのが後醍醐天皇の皇子・護良親王（大塔宮）

が幽閉され最期を迎えたとされる二階堂の東光寺《とうこうじ》の地である。この場所に、明治二年（一八六九）、護良親王を祭神とする鎌倉宮《かまくらぐう》が創建された。

続いて、梶原の地には、明治二十年（一八八七）に後醍醐の忠臣・日野俊基《ひのとしもと》を祭神とする葛原岡《くずはらおか》神社が創建された。俊基は、倒幕計画に参画したため鎌倉幕府に捕らえられ、鎌倉に送られて葛原岡で処刑された人物である。葛原岡神社に隣接する場所には、日野俊基の供養塔とされる室町期の石造の宝篋印塔《ほうきょういんとう》が存在するが、もともとは別の場所にあったものらしい。

これらの神社は、皇室崇拝の気運を高めるために明治の新政府が創出した、鎌倉の新たな「史跡」であった。

海水浴場と保養地

神仏分離による混乱に見舞われた近代の鎌倉であったが、やがて、海に面した温暖な気候の土地柄から、東京周辺の人々の保養地・避暑地という付加価値が発生した。そのきっかけを作ったのが、ドイツ人医師のエルヴィン・フォン・ベルツであった。ベルツは、お雇い外国人として来日し、医学・公衆衛生の発展に寄与した人物で、「近代日本医学の父」とも称されている。明治十二年（一八七九）、日本の役人が海水浴場の設置を計画していることを

海浜院ホテル［鎌倉市中央図書館蔵］

聞いたベルツは、鎌倉の七里ヶ浜が適していることを自分の日記に記している。実は、彼の意見が役人の耳に正式に届いたかどうかはわからないのであるが、ベルツの影響力の大きさからみて、おそらくは、届いていたと思われる。

その後、健康増進や療養のために海水浴の効用を説いた内務省衛生局長の長与《ながよ》専斎《せんさい》が、明治十七年（一八八四）に由比ヶ浜に別荘を構え、翌年には長谷の三橋旅館が海水浴客向けの広告を出していることから、おそらくは、明治十七年には海水浴場が開設されたとみられる。「おそらく」が続いてしまったが、残念ながら鎌倉の海水浴場開設についての確実な史料は存在していないのである。

さらに、明治二十年（一八八七）には、長与専斎らの尽力により、海水浴を取り入れた療養・保養施設である「鎌倉海浜院《かいひんいん》」が由比ヶ浜に建設された。その設立趣意書の中で、長与は、「鎌倉は気候がよく、景勝に優れ、史跡も多く、生活の便もよく、海浜院を設置するのには最適である」と激賞し、「鎌倉は東海道線を使えば東京から短時間でたどり着ける」ということも、利点としてあげている。

療養を主な目的として設立された海浜院であったが、むしろ保養・観光のための宿泊施設としての需要が高まったためか、わずか一年後の明治二十一年（一八八八）には閉院し、「海浜院ホテル」として再出発した。明治二十九年（一八九六）には、鹿鳴館《ろくめいかん》や三菱一号館の設計でも知られる建築家のジョサイア・コンドルの手で大改築がおこなわれ、帝国ホテル並みの高級ホテルとして知られていた。その後、大正五年（一九一六）には「鎌倉海浜ホテル」へと生まれ変わり、太平洋戦争の戦災にも遭わずにすんだが、惜しくも昭和四十五年（一九七〇）に失火により焼失、再建されることはなかった。

医療から始まった海水浴が一種のレジャーとしての性格を強め、夏の鎌倉には避暑客が大量に押し寄せるようになった。明治四十五年（一九一二）刊行の大橋良平著『現在の鎌倉』によれば、明治四十四年の鎌倉町の人口は一万一七五九人であるのに対して、同年の夏季三ヶ月（七・八・九月）の避暑客数は概算で二万六千人ほどにのぼったという。東京方面から観光を兼ねて続々と鎌倉を訪れた避暑客・海水浴客は、前述の海浜院ホテルをはじめ、鎌倉のホテル・旅館に宿泊し、海水浴場を利用したが、当初は私設の海水浴場ばかりであった。富裕層は別に、プライベートビーチを設けていた。明治四十三年（一九一〇）になって初めて、鎌倉町による公設海水浴場が、由比ヶ浜・極楽寺・坂ノ下・材木座に開設され、一般に開放されたのである。

ところで、話はあちこちに飛んで恐縮だが、「鎌倉町」という言葉が出たついでに、鎌倉町の成立について触れておこう。明治二十二年（一八八九）の町村制施行にともない、鎌倉地域の村々は、旧鎌倉中の東鎌倉村・西鎌倉村、郊外の腰越津村、小坂村、深沢村、玉縄村にまとめられた。さらに、明治二十七年（一八九四）には東鎌倉村と西鎌倉村が合併、中心部に「鎌倉町」が誕生した。町役場は、若宮大路沿いの大巧寺の南隣（現在の鎌倉生涯学習センターの場所）に置かれた。

横須賀線の開通と別荘

名所旧跡に恵まれたうえに、避暑地や海水浴場としての側面を備えた観光地、という鎌倉の魅力が広まるにつれて、別荘の建設が盛んとなった。それに拍車をかけたのが、明治二十

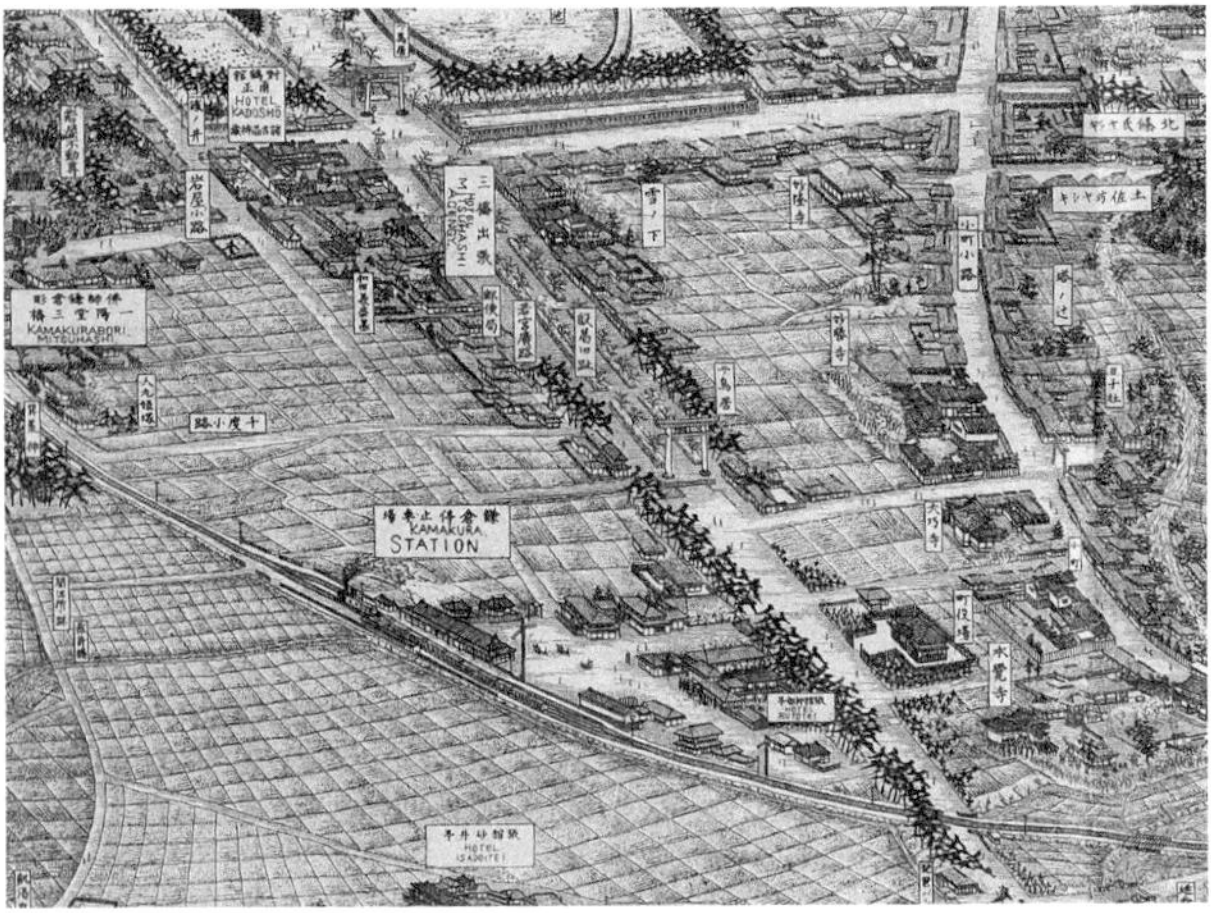

明治期の鎌倉駅前（『相模国鎌倉名所及江之嶋全図』部分）［鎌倉歴史文化交流館蔵］

二年（一八八九）の、横須賀線の大船〜横須賀間開通、鎌倉駅開業であった。それまでの東京からの一般的なルートは、東海道線で藤沢駅まで行き、さらに人力車に乗り換えて鎌倉へ入るというものであった。先にみたように、長与専斎は従来のルートでも「東京から短時間」と述べていたが、横須賀線の開通でいっそう交通の便がよくなったのである。

　ちなみに、横須賀線の開通は、東京から鎌倉への観光客の利便を図るためのものではなかった。軍事的に重要性を増していた横須賀と東京を連絡することが、主な目的であった。明治四年（一八七一）に横須賀造船所（のちに横須賀海軍工廠《こうしよう》となる）が完成し、明治十七年（一八八四）には横須賀鎮守府《ちんじゅふ》が置かれ、横須賀は戦略上の要地となっていた。加えて、日清戦争の開戦の可能性が高まり、緊急に路線を開通させることとなったのである。

また、江之島電気鉄道（現・江ノ島電鉄、通称・江ノ電）が、明治三十五年（一九〇二）に藤沢から片瀬（現・江ノ島）まで開業し、明治四十三年（一九一〇）には鎌倉の小町までの全線が開通した。鎌倉（小町）の停車場は、若宮大路の現在の島森書店の前あたりにあった。

こうした交通手段の整備とともに、明治二十年代から大正にかけて、鎌倉では別荘が急増する。別荘の持ち主は、皇族・華族・上級軍人・高級官僚・経済界の富裕層などで、当初は海岸部を中心に建設されたが、次第に内陸部へと展開していった。別荘の他にも、夏の避暑客や冬の避寒客のために、貸家（貸別荘）や貸間が提供されていた。

明治四十五年刊の『現在の鎌倉』収載の別荘所有者一覧には、皇族の華頂宮《かちょうのみや》・山階宮《やましなのみや》・伏見宮《ふしみのみや》をはじめ、松方正義《まつかたまさよし》（元首相）、前田利為《まえだとしなり》（旧加賀《かが》藩主前田家の当主）、島津忠重《ただしげ》（旧薩摩藩主島津家の当主）、毛利元昭《もとあきら》（旧長州藩主毛利家の当主）、益田孝《ますだたかし》（旧三井物産の初代社長）、浅野総一郎《あさのそういちろう》（浅野財閥の創始者）、黒田清綱《くろだきよつな》（貴族院議員、洋画家黒田清輝《せいき》の養父）、田《た》辺新之助《なべしんのすけ》（逗子開成中学・鎌倉女学校〈現・鎌倉女学院〉の創立者）などの名前がみえる。明治三十二年（一八九九）には、明治天皇の皇女のために鎌倉御用邸が建設された（昭和六年廃止）。

鎌倉の別荘ブームは、明治四十年代から大正年間をピークに、昭和初期まで続いた。その間、いくつもの個性的で魅力的な別荘建築が建てられた。その多くは高級感あふれる洋館であり、取り壊しをまぬがれたいくつかの洋館は、昭和初期の落ち着いた和風住宅や商店建築とともに、現在も鎌倉の歴史的な景観を形成している。代表的なものとしては、昭和十一年（一九三六）に長谷に建てられた前田利為の別邸がある。海を見渡せる谷奥の広大な敷地に建てられた前田家別邸は、三階建ての洋館で、一部には和風も取り入れられている。三島由紀夫《みしまゆきお》の小説『春の雪』に登場する「侯爵《こうしやく》家別荘」のモデルとなったことでも有名である。現在は、前田家から鎌倉市に寄贈されて、鎌倉文学館として公開されている。

史跡や文化財の保護

鎌倉を訪れる観光客は、海水浴や避暑だけではなく、失われた古都の面影を求めて、名所旧跡巡りもするようになり、受け入れる地元でも古都鎌倉の史跡や文化財が見直されるようになった。まず明治十八年（一八八五）には、建長寺・円覚寺・光明寺《こうみようじ》・藤沢の清浄光寺《しようじようこうじ》（遊行寺《ゆぎようじ》）など寺院の代表や地元の有力者、横浜の事業家などが発起人となって、鎌倉の史跡・文化財の保護を目的とする「鎌倉保勝会」が結成された。同会は、明治四十三年（一九一〇）に鎌倉十橋《じっきょう》、鎌倉十井《じっせい》に石碑を建てており、現在もそのまま残されている。

明治二十四年（一八九一）には、筥崎博尹によって「鎌倉懐古展覧会」が始められ、年に一回、鶴岡八幡宮の境内で寺社の宝物が展覧された。筥崎は、先に神仏分離の項で触れたように、元は鶴岡八幡宮供僧の正覚院の住職で、還俗した人物である。明治三十年（一八九七）

鎌倉文学館（旧前田侯爵邸）［著者撮影］

鎌倉十橋石碑［著者撮影］

鎌倉町青年会建立の石碑（大倉御所跡）［著者撮影］

には、古社寺保存法が制定され、全国的にも史跡・文化財の保存に関心が高まった。

大正四年（一九一五）には、鎌倉在住の有力者を中心とする「鎌倉同人会」が発足する。同会は、文化財と史跡の保存をはじめとして、鎌倉の町の環境改善や産業振興を活動の目的とした。創立に関わったのは、陸奥広吉《むつひろきち》（陸奥宗光《むねみつ》の子で、外交官）・勝見正成《かつみまさしげ》（鎌倉町医師会長）・黒田清輝（洋画家）・荒川巳次《あらかわみのじ》（外交官）・相沢善三（鎌倉小学校長）・田辺新之助らであった。初期の会の事業としては、若宮大路の松並木の保全、街路灯の設置、段葛の修理、六地蔵の改修、小冊子『鎌倉重宝一覧』の刊行などがあげられる。

ほぼ同じころから、「鎌倉町青年会」によって、史蹟指導標と呼ばれる、史跡を説明する石碑が建立され始める。現在も鎌倉の名所旧跡でよく見かける、黒っぽい粘板岩質で大ぶりの板状の石碑がこれである。大正六年（一九一七）から十年（一九二一）にかけて、大蔵（倉）幕府旧蹟・問注所旧蹟・勝長寿院旧蹟・（日野）俊基朝臣墓所・稲村崎・段葛・若宮大路幕府旧蹟・北条執権邸旧蹟・東勝寺旧蹟・（鶴岡）二十五坊旧蹟・永福寺旧蹟・足利公方邸旧蹟・阿仏邸旧蹟・青砥藤綱《あおとふじつな》邸旧蹟・太田道灌邸旧蹟・宇都宮辻（子）幕府旧蹟の十六基が建立された。当時の時代状況を反映して、後醍醐天皇とその忠臣が北条氏を打倒する『太平記』の物語世界や道徳心・王政復古の精神につながる名所も含まれるが、全体としてはバランスのとれた選定と思われる。

その後も鎌倉町青年会の後身となる鎌倉町青年団・鎌倉市青年団によって、昭和十六年（一九四一）まで継続的に碑は建てられ、総数は七十を超えている。加えて、鎌倉同人会も、飢渇畠《けかちばたけ》（大正七年）・（主馬）盛久頸座《もりひさくびざ》（大正八年）・玉縄城跡（大正十五年）・木曽冠者義高之《きそのかじゃよしたかの》塚《つか》（同年）の石碑を建立している。年月を経てこれらの石碑も古風を帯び、碑自体が近代の史蹟保存運動に関わる文化財という性格を持つようになってきている。あたかも、江戸時代以前からそこに存在していたかのような錯覚さえおぼえる。

ところで、これは近年のことになるが、平成二十三年（二〇一一）には、NPO法人鎌倉ガイド協会が、鎌倉同人会との協働事業として、これらの石碑の保全作業をおこなった。碑面がきれいに清掃され、文字も読みやすくなったことは、まことに喜ばしいことである。

大正関東地震

大正十二年（一九二三）九月一日に関東南部を襲った大地震と津波によって、鎌倉は壊滅的な被害を受けた。のちに鎌倉町役場がまとめた『鎌倉震災誌』などによると、鎌倉の被害は以下のとおりであった。

まず鎌倉町（全戸数四一八三）においては、

全壊した家屋　一四五五戸
半壊した家屋　一五四九戸
埋没した家屋　八戸
全焼した家屋　四四三戸
半焼した家屋　二戸
流失した家屋　一一三戸
死者　四一二名
重傷者　三四一名

であり、実に全戸数の八六パーセントが何らかの被害を受けている。

小坂村（山ノ内、大船など）では、
全壊した家屋　四五〇戸

半壊した家屋　一四二戸
腰越津村では、
全壊した家屋　四一五戸
半壊した家屋　一六二戸
焼失した家屋　二七八戸
死者　　　　　五八名

と、全滅に近いありさまであった。

公共施設や寺社などの被害も甚大で、鎌倉町役場、鶴岡八幡宮、建長寺、円覚寺、極楽寺、宝戒寺、円応寺、長谷寺、鎌倉御用邸などの建物が全壊もしくは大破した。大仏は、前方に四十五センチほど位置がずれたという。寺社に安置されていた仏像や肖像彫刻、工芸品なども、数多く破損した。

地震直後、陸軍工兵隊の出動により、町役場の仮庁舎建設や道路・橋などのインフラの復旧がなされた。機能を回復した町役場の主導により、食糧の調達と炊き出しもおこなわれた。

長谷には臨時病院が設けられ、鎌倉町医師団と各地から駆けつけた応援の救護班が、救助と伝染病対策をおこなった。また、横須賀の海軍からも兵員が派遣され、治安維持にあたっている。各方面の献身的な活動によって、鎌倉は地震後の復興を比較的速やかに果たすことができた。破損した貴重な文化財については、国からの経済的補助を得て、文部省の指導のもと、奈良美術院からも専門の技術者が派遣されて、順次修復された。

　地震による文化財の被害を経験した鎌倉では、文化財保護と展示による教育普及効果のために博物館の建設が急務となった。鎌倉町と鎌倉同人会の協議の結果、歴史博物館である「鎌倉国宝館」を開設することが決まり、実務や建設経費の調達を鎌倉同人会が請け負って、建設が進められた。昭和三年（一九二八）に町立の鎌倉国宝館が開館、鎌倉同人会理事長の荒川巳次が初代館長に就任した。開館後の資金難にあたっては、同人会会員で銀行家であった間島弟彦《まじまおとひこ》の遺志により、遺族を通じて多額の寄付金がもたらされ、危機を脱することができた。

鎌倉山と鎌倉文士

明治二十年代ごろから鎌倉は別荘地となっていたが、昭和に入るとさらに、一時期の滞在ではなく定住する人々が次第に増え、高級住宅地へと変化していった。以前から存在した落ち着いた雰囲気に加えて、昭和二年（一九二七）の横須賀線北鎌倉駅の開業により、より東京への交通が便利になったことや、林立する別荘が醸し出す高級なイメージなどが、住宅地としての魅力を高めたのであろう。この動きを象徴するのが、「鎌倉山」の開発である。鎌倉山は、笛田《ふえだ》の南の丘陵に実業家・菅原通済《すがわらつうさい》が中心となって開発した高級大型住宅地で、昭和五年（一九三〇）に分譲が開始された。同年には、鎌倉山住宅から大船駅方面へのアクセスを意図した大船・片瀬間の自動車専用道路が開通しているが、もともと住宅地と道路は同一会社の事業であり、一体のものとして開発が進められたのである。ちなみに、現在はこの道路の上部空間を利用して湘南モノレールが運行されている。

　宅地は数期にわたって分譲され、購入者のなかには、近衛文麿《このえふみまろ》（公爵・首相）、松本烝治《まつもとじようじ》（貴族院議員）、徳川家達《とくがわいえさと》（公爵）、大倉喜七郎《おおくらきしちろう》（大倉組頭取）、大谷竹次郎《おおたにたけじろう》（松竹社長）、矢田挿《やだそう》雲《うん》（作家・俳人）、十五代目市村羽左衛門《いちむらうざえもん》（俳優）、田中絹代《たなかきぬよ》（俳優）、藤原義江《ふじわらよしえ》（歌手）などの著名人の名がみえる。開発者がめざした鎌倉山のコンセプトとしては、住み良い健康的な住宅地であるとともに、観光による日常の余暇の充実がかかげられていた。ここには、保養地であるとともに観光地である、という近代鎌倉の特色が集約されていた。開発後に住人た

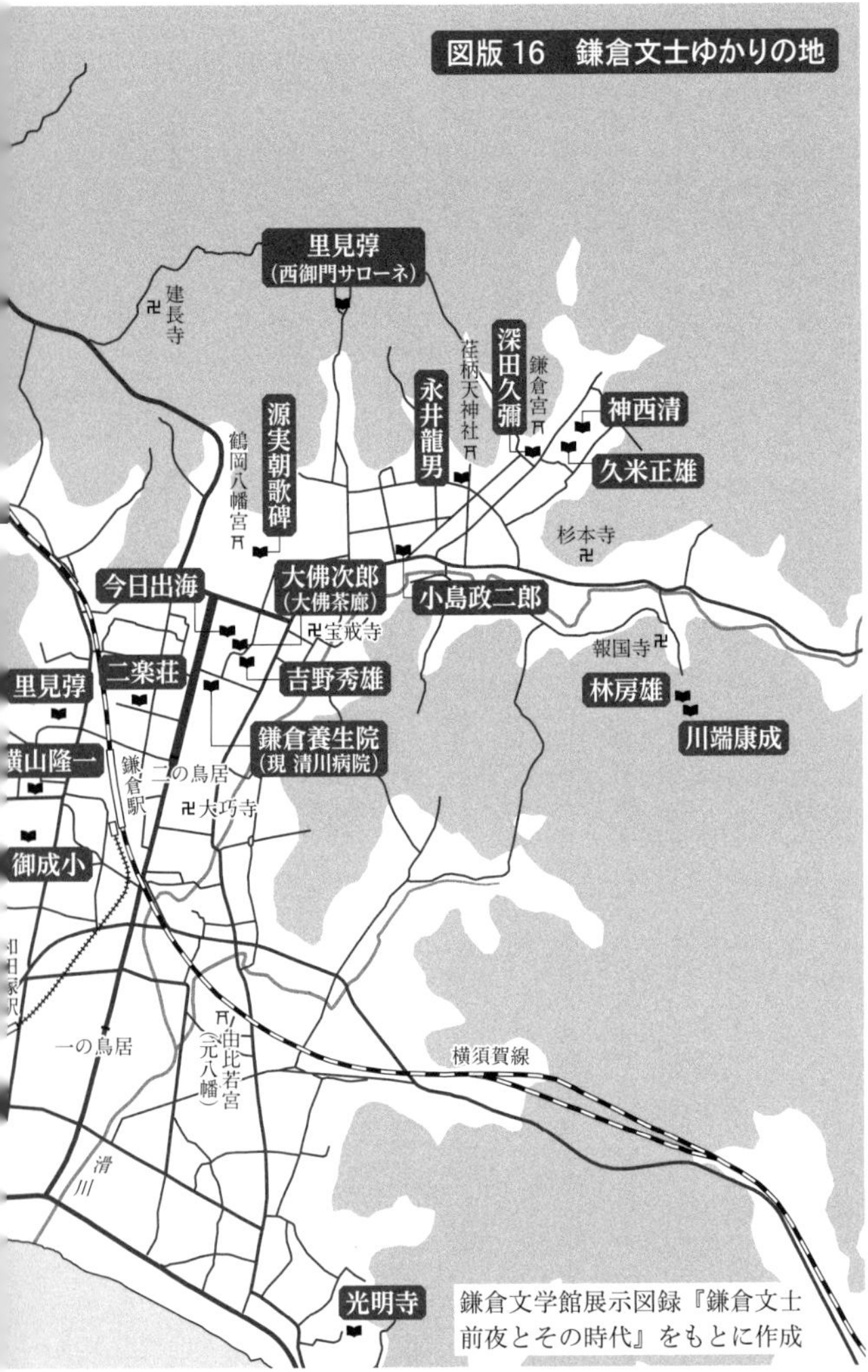

鎌倉文学館展示図録『鎌倉文士前夜とその時代』をもとに作成

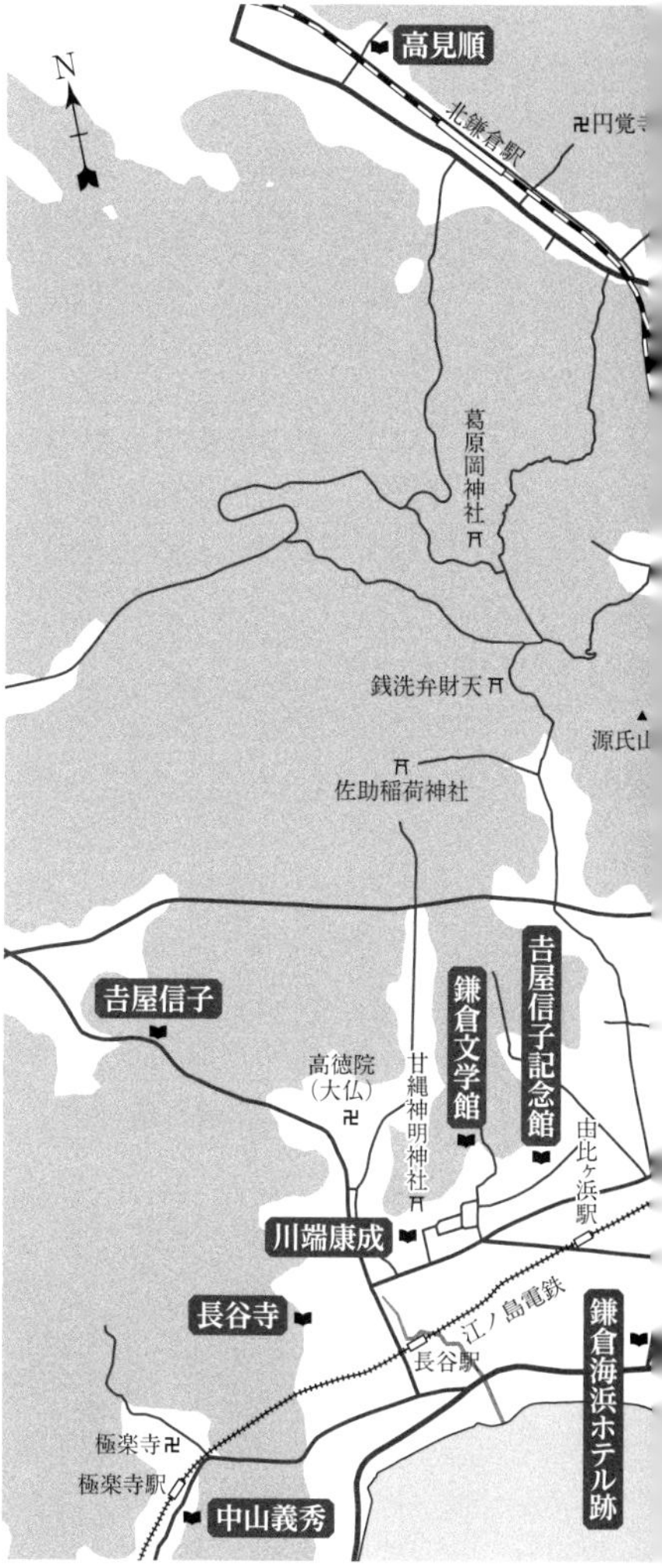

ちが、笛田の鎮守《ちんじゅ》・三島神社の分社を整備して、鎌倉山の鎮守として鎌倉山神社を祀っている点は、新興住宅地に歴史性を付与しようとする意識もうかがえて興味深い。

また、昭和初期には、名所旧跡や寺社に囲まれ、歴史を感じさせる落ち着いた雰囲気に惹かれて、多くの作家・芸術家が鎌倉に居住するようになった（図版16）。すでに明治二十年代には、夏目漱石《なつめそうせき》、泉鏡花《いずみきょうか》、島崎藤村《しまざきとうそん》といった著名な作家が鎌倉に滞在し、その時の体験を作品に反映させている。大正に入ると、芥川龍之介《あくたがわりゅうのすけ》が一時期鎌倉に住み、大正十年（一九二一）に大佛次郎《おさらぎじろう》が、十四年（一九二五）に久米正雄《くめまさお》が、それぞれ鎌倉に移住。以後、昭和初期に続々と作家・芸術家が鎌倉へ来て住みつくようになる。昭和十一年（一九三六）には、久米正雄を会長に鎌倉ペンクラブが結成された。その顔ぶれは、作家の久米、大佛、川《かわ》端康成《ばたやすなり》、里見弴《さとみとん》、林房雄《はやしふさお》、大岡昇平《おおおかしょうへい》、評論家の小林秀雄《こばやしひでお》、漫画家の横山隆一《よこやまりゅういち》らであった。鎌倉に居住して活動した作家・芸術家のなかでも、とくに作家たちを世間では「鎌倉文士」と呼んだが、昭和十二年（一九三七）の新聞連載のなかで久米正雄が「鎌倉文士あり」と述べているのが、この言葉の始まりらしい。「鎌倉文士」という言葉には、かつて鎌倉を舞台に活発に動き回った「鎌倉武士」たちの姿が、日本の伝統的な精神性の象徴として、重ね合わされているようでもある。

　鎌倉文士たちは、地域に密着した文化事業を積極的に推進したことでも知られる。久米や大佛が中心となって昭和九年（一九三四）に鎌倉カーニバルを始めたり、終戦直前の昭和二十年（一九四五）に久米・川端らの発案で貸本屋「鎌倉文庫」を開業したりしている。また、同時期の文化に関するできごととしては、昭和十一年（一九三六）に松竹《しょうちく》の映画撮影所が東京の蒲田《かまた》から大船へ移転してきたことが注目される（二〇〇〇年閉所）。松竹大船撮影所の黄金時代は太平洋戦争後になるが、戦前にも『愛染かつら』（一九三八年公開）などのヒット作が制作されている。なお、昭和十四年（一九三九）には、鎌倉町と腰越町が合併して、「鎌倉市」が誕生した。

久米正雄［©文藝春秋 /amanaimages］

旧大佛次郎茶亭付近の路地［著者撮影］

鎌倉と太平洋戦争

昭和十六年（一九四一）、太平洋戦争が始まり、鎌倉も否応なく戦時体制に巻き込まれていく。昭和十八年（一九四三）には、横須賀海軍工廠造兵部深沢分工場が、梶原（現在の湘南モノレールの湘南深沢駅前）に設置された。この工場では、魚雷や機雷などを生産しており、五百名以上の女子挺身《ていしん》隊員や学徒が動員されて労働に従事していたという。また、大船（植木）の龍宝寺《りゅうほうじ》近くには、海軍の捕虜収容所が設けられており、戦後「大船収容所事件」として捕虜虐待の罪を告発される現場ともなった。

鎌倉のあちこちでは、アメリカ軍上陸に備えて、日本軍によって山裾の岩盤を掘った迎撃用の横穴陣地が作られた。中世の洞穴墓所である「やぐら」と見間違えそうな洞穴が今でも見られるが、実はそのうちのいくつかは近代の横穴陣地の跡であり、「やぐら」と違ってかなり奥深くまで続き、四角い銃眼を備えていたりする。そのほかにも、兵器弾薬庫がわりの地下壕が掘られたり、中世の「やぐら」を防空壕に転用したりした事例がみられる。

太平洋戦争の空襲や艦砲射撃によって焦土と化した日本の都市は数知れず、多くの人々の命が失われた。戦後の国の戦災復興都市計画においては、特に被害が大きかった一一五の都市が対象になっており、鎌倉市の属する神奈川県内では横浜市、川崎市、平塚市、小田原市が該当している。それに対して鎌倉市では、本土空襲が激しくなった昭和二十年（一九四五）に、何回かの機銃掃射による多少の被害が出ているが、焼夷弾《しょういだん》の投下や艦砲射撃による大規模な焼失は免れた。

深沢分工場跡［著者撮影］

もちろん、鎌倉が戦争とまったく無縁で被害がなかったというわけではなく、機銃掃射や日本軍の高射砲の破片などによって若干名の死傷者が出たとの記録や証言があるが、正確な状況は不明である。また、十二所に焼夷弾が投下されたこともあったが、発火せず、人や家畜への直接の被害はなかったという。そのほか、鎌倉から出征して戦死した者もおり、日清・日露を含め、日中戦争・太平洋戦争の地元の戦死者を弔う慰霊碑が市内の各所に建立されている。

ちなみに、鎌倉が空襲を免れたのは、アメリカの美術史家ラングドン・ウォーナーが文化財保護の観点から京都・奈良などの文化財を豊富に保有する都市を爆撃しないように軍を説得したため、という説があるが、疑問点も多く正確ではないと思われる。

戦後の鎌倉

昭和二十年（一九四五）、太平洋戦争は終戦を迎えた。鎌倉においても、昭和二十七年（一九五二）の講和条約締結まで、占領軍の将兵が駐留することになった。戦後、食糧状況が逼迫する中、露天商のマーケット（闇市）が、若宮大路のガード下から鎌倉駅前あたりまでに店を広げていたという。鎌倉は徐々に平穏を回復し、昭和二十三年（一九四八）には、鎌倉市は深沢村と大船町を編入して人口八万人の都市となり、現在の市域が整った。

戦後まもない昭和二十一年（一九四六）には、自由な青少年の教育をめざして、地元の文化人・有力者が結成した「鎌倉文化会」の主導により、光明寺を仮校舎とする「鎌倉大学校」が開校した（のち「鎌倉アカデミア」と改名）。同校は、産業科・文学科・演劇科・映画科を置く各種学校であったが、将来は正規の大学として認可を受けることを目標としていた。教授は、大佛次郎・高見《たかみ》順《じゅん》などの「鎌倉文士」をはじめ、三上《みかみ》次男《つぎお》（東洋史学者）、服部《はっとり》之《し》総《そう》（歴史学者）、吉野《よしの》秀雄《ひでお》（歌人）、中村《なかむら》光夫《みつお》（文芸評論家）など、鎌倉在住の代表的な学者・

文化人が務めていた。山口瞳《やまぐちひとみ》、いずみたく、などの優秀な人材を世に送り出したが、正規の大学になることができず、資金難などから昭和二十五年（一九五〇）に閉校となってしまった。

　しかしながら、昭和初期から続く「文化人の都市・鎌倉」という側面は、依然として継続しており、昭和二十五年（一九五〇）に移住した作家・立原正秋《たちはらまさあき》や昭和二十七年（一九五二）から居住した映画監督・小津安二郎《おづやすじろう》をはじめ、多くの作家・文化人が鎌倉に住んだ。小津は、松竹大船撮影所で『晩春』『麦秋』『東京物語』など、数々の名作を制作している。小津映画では、史跡を含めて鎌倉の随所が映画のロケ地として使用された。その後、平成二十七年（二〇一五）の是枝裕和《これえだひろかず》監督の映画『海街diary』など、さまざまな映画で鎌倉が舞台となり、「海と史跡（寺社）の街」のイメージを広め、新たな「聖地」巡礼のファンを鎌倉に呼び寄せている。そして、現在でも、鎌倉市内に居住する作家・文化人・学者は少なくない。

　いっぽうで、昭和三十年代より、東京への通勤圏として住宅地の開発が急速に進み、環境破壊などの悪影響が出始めた。昭和三十八年（一九六三）に始まった鶴岡八幡宮北西の「御《お》谷《やつ》」地区（鶴岡八幡宮供僧の二十五坊跡）の宅地開発では、自然環境を守るための大規模な反対運動が展開されることになった（御谷騒動）。運動の結果、開発は中止となり、昭和三十

小町通り［著者撮影］

九年（一九六四）には、古都鎌倉の自然と史跡を守るための市民団体「鎌倉風致保存会」が発足した。さらに、この騒動をきっかけに、全国的な古都の保全を視野に入れた「古都における歴史的風土の保存に関する特別措置法」（古都保存法）が、昭和四十一年（一九六六）に制定されるにいたった。

昭和四十年代になると、駅前の小町通りが、鎌倉を代表する繁華街に発展する。現在では買い物や食べ歩きをする観光客でごったがえす商店街となっている小町通りであるが、もともとは「瀬戸耕地」と呼ばれる農道で、横須賀線開業以降に次第に街並みが形成され、このころから急速に店が増えたのである。また、この間、昭和二十四年（一九四九）に江ノ電の鎌倉駅が若宮大路から現在の西口へ移り、昭和四十四年（一九六九）には御成町《おなりまち》に新市庁舎が完成（現庁舎）、ほぼ現在見られる鎌倉の光景が形成された。

近年では、鎌倉市は神奈川県・横浜市・逗子市とともに、「武家の古都・鎌倉」の世界遺産登録を推進し、国から候補として推薦されたが、平成二十五年（二〇一三）にイコモスから不記載勧告（不合格通知）を受けて頓挫している。不記載勧告の理由はいくつかあると思われるが、現在残されている史跡・建造物だけでは、「武家の古都」を十分に説明できない、ということが大きいだろう。結局のところ、われわれが何となく鎌倉から感じている「古都」は、「幻想の古都」だったわけである。

それでも、鎌倉時代創建の永福寺の跡では、発掘調査の成果を踏まえた整備が平成二十九年（二〇一七）に完了し、かつての威容をしのぶことができるようになった。また、江戸初期に建てられて大正関東地震で倒壊し、保存のために一時期は間島弟彦（鎌倉国宝館のところでも登場）邸に移築されていた英勝寺の山門も、平成二十三年（二〇一一）に元通り英勝寺に再建されている。「幻想の古都」をたどるための手がかりは、関係者の尽力により、現代でも日々増え続けているのである。同時に、引き続き史跡・文化財の保存につとめ、先人が残してくれた「古都鎌倉」のイメージをつかむ貴重な手がかりが減らないようにすることも、忘れてはならない。

おわりに

多くの人々を惹きつけている都市鎌倉の魅力とは、単なる「おしゃれな海街」ということではないようである。寺院・神社が多く、レトロで古びた風情がある、というところが隠し味となっているのではなかろうか。現在の鎌倉における、歴史の古い町にふさわしい落ち着いた「佇まい」は、古代以来の骨格を保つ豊かな自然環境や、古くからの由緒をもつ神社仏閣によっていることは言うまでもない。しかし、実はそれだけではなく、江戸時代に再建された寺社建築が再現する中世の雰囲気、大正から昭和初期にかけて建てられた洋館や和風住宅が醸し出す高級感やクラッシックな雰囲気など、江戸時代や近代の力も大きいのである。

もちろん、厳密に言えばそれらの建物は中世のものではなく、中世の鎌倉を想像してみるための糸口、「幻想の古都」への入り口である。

「はじめに」で記したように、鎌倉にはかつての武家政権の拠点を偲《しの》ぶ史跡がなく、はっきりとした形で「武家の古都」を目にすることは難しい。それにもかかわらず、人々は鎌倉の現地に赴いて、武士の都であったころの光景に思いを馳せている。江戸時代に徳川家康によって政治性を奪われ観光都市に固定されたことによって、鎌倉のイメージは遥か昔の鎌倉・室町時代のまま、ストップしてしまったと言える。同じく古都である京都は、江戸時代にも依然として天皇を頂点とする朝廷が存在し、影響力は弱まってはいたが、政治的中心である現実の「都」として機能し続けた。そうであればこそ、幕末維新期に京都が政治的な事件や戦乱の渦中に巻き込まれていくのである。いっぽう鎌倉は、江戸時代以降に新たな政治的な事件が追加されることはほとんどなく、人々が鎌倉観光で期待してきたのは、もはや形がほとんど残されていない想像の世界、鎌倉時代以来の幻想の「武家の古都」であった。

室町時代から江戸時代にかけて、源頼朝をはじめ、西行《さいぎょう》、鎌倉権五郎景政、青砥藤綱などの平安・鎌倉時代に鎌倉を舞台として活躍した人々の伝承や歴史物語が次々と生まれ、古都鎌倉に関するイメージはさらに膨らんでいく。鎌倉を訪れた人々は、鶴岡八幡宮の銀杏の陰に実朝の暗殺犯・公暁が潜んでいたことを想像し、あたかも歌舞伎の主人公である鎌倉景政や曽我兄弟が鎌倉を駆け巡っている姿を思い描いたのである。つまり、幻想の拡大再生産が繰り返されてきたのである。

少し前までは日本の時代劇は「チャンバラ」とも俗称され、水戸《みと》黄門《こうもん》・大岡越前《おおおかえちぜん》・遠山金《とおやまきん》四郎《しろう》・鬼平《おにへい》こと長谷川平蔵《はせがわへいぞう》を筆頭に、武士・侍が活躍するものが圧倒的に多かった。実態は別として、江戸時代やそれより前の中世は支配階級である武士を中心とする社会であったというイメージは現在でも根強い。建前として「武」を重んじてきた日本社会の素朴な原型を、人々は鎌倉時代の鎌倉に求め続けてきたのであろう。近代に鎌倉へ集まってきた文学者たちも、鎌倉武士の清新にして質実剛健な精神性（それ自体が一種の幻想でもあるが）に惹かれ、かつて武士がかけめぐった古都で幻想を楽しんだのであろう。大佛次郎が小説『源実朝』を、北條秀司《ほうじょうひでじ》が戯曲『北条政子』を、小林秀雄が評論『西行』を、そして永井路子《ながいみちこ》が『北条政子』をはじめとする鎌倉時代の小説群を著していることはそのことを裏付けている。なによりも、鎌倉武士とペアになる「鎌倉文士」という呼び名自体が象徴的である。

鎌倉時代以来、鎌倉の歴史を知っている人は、形としては認識できなくても、想像の翼を広げることによって、古都鎌倉の光景を甦らせてきた。しかし、その知識・前提がないまま、現在の鎌倉の地に立っても、古都鎌倉はいっこうにみえてはこない。世界文化遺産の登録に際して、現在の史跡からは「武家の古都・鎌倉」を説明できないということになったのは、無理もない。古都鎌倉は、幻想として受け継がれ守られてきたのだから。

結局、われわれが認識している古都鎌倉は、鎌倉時代そのままの「古都」ではなく、古都の魅力に惹かれた人々が、時代ごとに付け加えてきた由緒や魅力、いいかえれば「幻想」の集大成と言えるだろう。鎌倉のいたるところに、古代以来の歴史上の人物・出来事の情報が地名や伝承などの形で埋め込まれており、現代にいたるまで古都鎌倉を愛してきた人々の営々と続く活動の痕跡が積み重なっている。そうしたさまざまな記憶の断片が混ざり合って、「幻想の古都」を心に浮かび上がらせてくれるのである。したがって、歴史を知れば知るほど、心に描く「古都鎌倉」像、鎌倉の魅力は、大きく豊かになっていくはずである。

さあ、都市鎌倉の歴史を学び、鎌倉へ出かけて、「古都」と、「古都」を形作ってきた人々の営みを感じてみましょう！　そして、私自身も、「古都鎌倉」を守り伝えていこうという気持ちを、折に触れて更新し続けていきたいと思います。

高橋慎一朗

主要参考文献

秋山哲雄『北条氏権力と都市鎌倉』（吉川弘文館、二〇〇六年）

秋山哲雄『鎌倉を読み解く―中世都市の内と外―』（勉誠出版、二〇一七年）

石井進『石井進著作集9　中世都市を語る』（岩波書店、二〇〇五年）

石井進・大三輪龍彦編『よみがえる中世3　武士の都　鎌倉』（平凡社、一九八九年）

伊藤一美「源義朝『沼浜御旧宅』地考」（『日本歴史』六六八号、二〇〇四年）

伊藤一美『新知見！武士の都　鎌倉の謎を解く』（戎光祥出版、二〇二一年）

井上禅定『東慶寺と駆込女』（有隣新書、一九九五年）

今枝愛真『禅宗の歴史』（至文堂、一九八九年）

今小路西遺跡発掘調査団編『今小路西遺跡（御成小学校内）発掘調査報告書』（鎌倉市教育委員会、一九九〇年）

岩田会津「近世鎌倉中の空間構造」（『都市史研究』五号、二〇一八年）

上本進二「鎌倉・逗子の地形発達史と遺跡形成」（『神奈川県逗子市桟敷戸遺跡発掘調査報告書』、二〇〇〇年）

大上周三「鎌倉郡衙と官衙関連遺跡について」（『神奈川考古』四五号、二〇〇九年）

大澤泉「中世都市鎌倉と喫茶文化」（永井晋編『中世日本の茶と文化　生産・流通・消費をとおして』勉誠出版、二〇二〇年）
大澤伸啓「源実朝建立の大慈寺に関する一考察」（『唐澤考古』三九号、二〇二〇年）
岡陽一郎「泰時以前の鎌倉―都市の点景―」（『鎌倉』八八号、一九九九年）
押木弘己「古代鎌倉の卜骨と三浦半島―律令期における海浜部集落の一側面―」（『考古論叢　神奈河』一二集、二〇〇四年）
押木弘己「古代鎌倉郡家の〝津〟をめぐる一考察」（『鎌倉市教育委員会文化財部調査研究紀要』創刊号、二〇一九年）
神奈川県立金沢文庫編『企画展　鎌倉めぐり』（同文庫、二〇一二年）
神奈川地域史研究会編『シンポジウム　宮久保木簡と古代の相模』（有隣堂、一九八四年）
鎌倉考古学研究所編『中世都市鎌倉を掘る』（日本エディタースクール出版部、一九九四年）
鎌倉国宝館編『間島弟彦と黎明期の鎌倉国宝館――その知られざる物語――』（同館、二〇二一年）
鎌倉市教育委員会編『鎌倉の埋蔵文化財　1』（同委、一九九六年）
鎌倉市教育委員会編『鎌倉の埋蔵文化財　5』（同委、二〇〇二年）
鎌倉市教育委員会編『鎌倉の埋蔵文化財　21』（同委、二〇一八年）

鎌倉市教育委員会編『鎌倉の埋蔵文化財　23』（同委、二〇二〇年）
鎌倉市教育委員会編『史跡法華堂跡（源頼朝墓・北条義時墓）保存管理計画書』（同委、二〇〇七年）
鎌倉市教育研究所編『かまくら子ども風土記』（鎌倉市教育委員会、一九九三年）
鎌倉市編『図説　鎌倉回顧』（鎌倉市、一九六九年）
鎌倉市史編纂委員会編『鎌倉市史　考古編』（吉川弘文館、一九五九年）
鎌倉市史編纂委員会編『鎌倉市史　社寺編』（吉川弘文館、一九五九年）
鎌倉市史編纂委員会編『鎌倉市史　総説編』（吉川弘文館、一九五九年）
鎌倉市市史編さん委員会編『鎌倉市史　近世近代紀行地誌編』（吉川弘文館、一九八五年）
鎌倉市市史編さん委員会編『鎌倉市史　近世通史編』（吉川弘文館、一九九〇年）
川添昭二「鎌倉時代の対外関係と文物の移入」（『日蓮とその時代』山喜房佛書林、一九九九年）
河野眞知郎『中世都市鎌倉　遺跡が語る武士の都』（講談社選書メチエ、一九九五年）
神崎彰利・福島金治編『街道の日本史21 鎌倉・横浜と東海道』吉川弘文館、二〇〇二年
菊川泉「永福寺のもう一基の経塚」（『かまくら考古』一一七号、二〇一五年）
菊川英政「古代鎌倉の様相―奈良・平安期における鎌倉郷中心域の変化―」（『考古論叢　神奈河』六集、一九九七年）

小池勝也「『吾妻鏡』以後の鎌倉勝長寿院と東国武家政権―摂家・宮将軍子弟僧の位置づけ―」(『千葉史学』六五号、二〇一四年)
五味文彦『大系日本の歴史5　鎌倉と京』(小学館、一九八八年)
斉藤利男「平泉と鎌倉　中世政治都市の形成と展開」(広瀬和雄・小路田泰直編『古代王権の空間支配』青木書店、二〇〇三年)
斎藤直子「中世前期鎌倉の海岸線と港湾機能」(峰岸純夫・村井章介編『中世東国の物流と都市』山川出版社、一九九五年)
佐藤信『古代の地方官衙と社会』(山川出版社、二〇〇七年)
澤寿郎『鎌倉古絵図・紀行　鎌倉古絵図篇』(東京美術、一九七六年)
塩澤寛樹『鎌倉大仏の謎』(吉川弘文館、二〇一〇年)
篠原幸久「鎌倉之別の周辺」(黛弘道編『古代国家の政治と外交』吉川弘文館、二〇〇一年)
篠原幸久「鎌倉の屯倉をめぐる若干の問題―その所在・渡来氏族・周辺地域―」(『鎌倉』九九号、二〇〇四年)
清水眞澄『鎌倉大仏』(有隣新書、一九七九年)
下向井龍彦『日本の歴史07 武士の成長と院政』(講談社、二〇〇一年)

宗臺秀明「中世鎌倉の都市性」(「白門考古論叢Ⅱ」編集委員会・中央大学考古学研究会編『白門考古論叢Ⅱ』中央考古会・中央大学考古学研究会、二〇〇八年)
条里制・古代都市研究会編『日本古代の郡衙遺跡』(雄山閣、二〇〇九年)
鈴木棠三・鈴木良一編『日本歴史地名大系 14神奈川県の地名』(平凡社、一九八四年)
鈴木良明『江島詣―弁財天信仰のかたち―』(有隣新書、二〇一九年)
田井秀「鎌倉大慈寺の成立と展開」(『鎌倉』一二八・一二九号、二〇二〇年)
高橋慎一朗『武家の古都、鎌倉』(山川出版社、二〇〇五年)
高橋慎一朗『武士の掟 「道」をめぐる鎌倉・戦国武士たちのもうひとつの戦い』(新人物往来社、二〇一二年)
高橋慎一朗編『鎌倉の歴史 谷戸めぐりのススメ』(高志書院、二〇一七年)
高橋慎一朗『中世鎌倉のまちづくり 災害・交通・境界』(吉川弘文館、二〇一九年)
高橋慎一朗「源実朝と大慈寺」(『源実朝とその時代』鎌倉国宝館、二〇一九年)
田辺久子『乱世の鎌倉』(かまくら春秋社、一九九〇年)
手塚直樹「要害の地〈鎌倉城〉―切通し・切岸」(石井進編『別冊歴史読本 もののふの都 鎌倉と北条氏』新人物往来社、一九九九年)

中澤克昭「大庭御厨にみる十二世紀の開発と武士」（浅野晴樹・齋藤慎一編『中世東国の世界2　南関東』高志書院、二〇〇四年）
長塚孝「鎌倉御所に関する基礎的考察」（広瀬良弘編『禅と地域社会』吉川弘文館、二〇〇九年）
日本の歴史と文化を訪ねる会編『武家の古都「鎌倉」を歩く』（祥伝社新書、二〇一三年）
貫達人『鶴岡八幡宮寺—鎌倉の廃寺』（有隣新書、一九九六年）
貫達人・川副武胤『鎌倉廃寺事典』（有隣堂、一九八〇年）
野口実『武家の棟梁の条件』（中公新書、一九九四年）
野口実「頼朝以前の鎌倉」（『源氏の血脈—武家の棟梁への道—』講談社学術文庫、二〇二二年）
藤木久志「鎌倉の祇園会と町衆」（『戦国の村を行く』朝日選書、一九九七年）
藤沢市教育委員会博物館建設準備担当編『神奈川の古代道』（同委、一九九七年）
藤沢市教育委員会博物館建設準備担当編『大庭御厨の景観』（同委、一九九八年）
北条氏研究会編『城塞都市　鎌倉』（洋泉社歴史新書、二〇一八年）
松尾剛次『中世都市鎌倉の風景』（吉川弘文館、一九九三年）
松尾剛次『中世都市鎌倉を歩く—源頼朝から上杉謙信まで—』（中公新書、一九九七年）
松尾剛次『鎌倉　古寺を歩く—宗教都市の風景』（吉川弘文館、二〇〇五年）

馬淵和雄「中世鎌倉における谷戸開発のある側面」（『鎌倉』六九号、二〇〇二年）
馬淵和雄「中世都市鎌倉成立前史」（五味文彦・馬淵和雄編『中世都市鎌倉の実像と境界』高志書院、二〇〇四年）
馬淵和雄『鎌倉大仏の中世史』（新人物往来社、一九九八年）
馬淵和雄「『大倉幕府』考―位置の検証を中心に―」（『鎌倉』一二八・一二九号、二〇二〇年）
三浦勝男編『鎌倉の地名由来辞典』東京堂出版、二〇〇五年）
元木泰雄『河内源氏』（中公新書、二〇一一年）
元木泰雄編『日本の時代史7 院政の展開と内乱』（吉川弘文館、二〇〇二年）
森蘊『寝殿造系庭園の立地的考察』（奈良国立文化財研究所、一九六二年）
森公章編『日本の時代史3 倭国から日本へ』（吉川弘文館、二〇〇二年）
柳原敏昭編『東北の中世史1 平泉の光芒』（吉川弘文館、二〇一五年）
山田邦明編『関東戦国全史 関東から始まった戦国150年戦争』（洋泉社歴史新書、二〇一八年）
山中敏史ほか「シンポジウム『御成遺跡にみる〝古代の鎌倉〟』」（『神奈川地域史研究』九号、一九九〇年）
山村亜希「東国の中世都市の形成過程―鎌倉の空間構造とその変遷―」（『中世都市の空間構造』（吉川弘文館、二〇〇九年）

高橋慎一朗（たかはししんいちろう）
1964年、神奈川県生まれ。東京大学史料編纂所教授。東京大学文学部国史学科卒業後、東京大学大学院人文科学研究科博士課程中退。博士（文学）。専門は日本中世史、都市史。神奈川県立湘南高校在学中から古都鎌倉の魅力に親しむ。著書に、『中世の都市と武士』『北条時頼』『日本中世の権力と寺院』『中世鎌倉のまちづくり―災害・交通・境界―』（以上、吉川弘文館）、『武家の古都、鎌倉』（山川出版社）、『中世都市の力―京・鎌倉と寺社―』（高志書院）など多数。共編著に、『中世の都市―史料の魅力、日本とヨーロッパ―』（東京大学出版会）がある。

幻想《げんそう》の都《みやこ》　鎌倉《かまくら》　都市《とし》としての歴史《れきし》をたどる

2022年5月30日初版1刷発行
2022年6月20日　　2刷発行

著　者――高橋慎一朗
発行者――三宅貴久
装　幀――アラン・チャン
印刷所――堀内印刷
製本所――ナショナル製本
発行所――株式会社光文社
東京都文京区音羽1-16-6（〒112-8011）
https://www.kobunsha.com/
電　話――編集部03(5395)8289　書籍販売部03(5395)8116
業務部03(5395)8125
メール――sinsyo@kobunsha.com

ISBN 978-4-334-04607-1

1198
幻想の都 鎌倉
都市としての歴史をたどる

高橋慎一朗

「古都鎌倉」は、奈良・京都とも違い、日本人の記憶と想像によってつくられた都市だった。源氏以前の時代から現代までの通史をたどることで浮かび上がる鎌倉の実像と魅力。

978-4-334-04607-1

1199
イスラムがヨーロッパ世界を創造した
歴史に探る「共存の道」

宮田律

ヨーロッパの中世から近代にかけての発展は、イスラム文明抜きに語ることはできない——。私たちが現代社会を正しく理解するために必要な「視座」とは?「意外な史実」を学び、知る。

978-4-334-04608-8

1200
孤独なバッタが群れるとき
『バッタを倒しにアフリカへ』エピソード1

前野 ウルド 浩太郎

21万部突破の『バッタを倒しにアフリカへ』の前日譚である名著が新書で登場! バッタに関する研究成果とともに、若き研究者の苦悩と挫折、成長がユーモア溢れる文体で綴られる。

978-4-334-04609-5

1201
依存症と回復、そして資本主義
暴走する社会で〈希望のステップ〉を踏み続ける

中村英代

「意志の弱さによる病」ととらえられがちな依存症を、現代資本主義社会の必然であると著者は説く。当事者コミュニティにおける回復実践をみながら、人類の新たな共生のあり方を示す。

978-4-334-04610-1

1202
なぜ日本からＧＡＦＡは生まれないのか

山根節 牟田陽子

日本経済が停滞する一方で、絶対的な力をつけたＧＡＦＡ。その時価総額は日本の上場企業全社の合計を超える。なぜここまで差がついたのか。その理由をＧＡＦＡの歩みに探る!!

978-4-334-04611-8